Otfried Reinke

Ewigkeit

2. Auflage © 2019 Otfried Reinke
Einbandgestaltung (unter Verwendung einer Zeichnung von Christoph Kühne) und Druckvorlage: Jörg Scholz
Herstellung und Verlag: Books on Demand, Norderstedt
ISBN: 9783749450145

Otfried Reinke

Ewigkeit

herausgegeben von Christoph Kühne

Inhalt

Vorwort des Herausgebers

Als 2006 der Band „Ewigkeit" in einer theologischen Reihe von 10 Bänden des Kreuz Verlags, Stuttgart, erschien, ahnte niemand, dass dieses Buch sogar in China veröffentlicht werden würde. Nun ist die 1. Auflage vergriffen und eine 2. Auflage folgt. Sie wird unverändert nachgedruckt, weil das Thema an Aktualität nichts verloren hat.

Was ist Ewigkeit? Ewigkeit meint etwas anderes als Unendlichkeit, ein Begriff, der in den Bereich der Mathematik gehört. Gerne wird der Theologe Friedrich Schleiermacher (1768–1834) zitiert mit den Worten, Religion sei Sinn und Geschmack für das Unendliche. Aber können wir überhaupt Sinn und Geschmack für das Unendliche haben? Und wie hängen (mathematische) Unendlichkeit und (theologische) Ewigkeit zusammen? Gehört Ewigkeit nicht notwendig zu Gott? Und wenn wir fragen, wo die Ewigkeit ist, muss dann nicht die Antwort lauten: Hier und jetzt?

Otfried Reinke bringt in die Diskussion um „Ewigkeit" den Begriff der »relativen Ewigkeit« von Jürgen Moltmann ein. Damit ist gesagt, dass »Ewigkeit« kein Wert, keine Tatsache in sich ist, sondern dass sie einen Bezug hat zu Gott und »dass der Ewige an seiner Ewigkeit Anteil gibt« (vgl. S. 87).

In diesem Buch sehen wir die Wirklichkeit nicht unter mathematischen oder physikalischen, sondern unter theologischen Gesichtspunkten. Naturwissenschaftliche Kategorien helfen uns weniger, unser Leben zu bestehen. Sie implizieren keine Ethik. Dies aber legt der philosophische und theologische Blick nahe. Denn hier entsteht ein Raum, in dem Handlungen, Bewertungen und Denkmuster möglich werden. Wenn der Autor schließlich den Bereich der Musik betritt, dann können wir den Vorgeschmack der Ewigkeit spüren …

Christoph Kühne

Einleitung

Die Themenstellung

Ist »Ewigkeit« eigentlich ein theologisches Thema? Die Frage ist leicht gestellt, aber eine eindeutige, klare Antwort wird kaum jemand geben können. Und wenn mehrere Menschen beisammen sind, so löst diese Frage schnell eine umfangreiche Debatte aus. Es gibt aber auch so manche, die sagen: »Für uns kleine Menschen ist es doch vermessen, über die große Ewigkeit Aussagen machen zu wollen«. Aber damit haben sie selber schon eine Aussage gemacht über Größe und Unbegreiflichkeit. Und sie verwenden ja selber das Wort »Ewigkeit«, das Ehrfurcht in ihnen erweckt. So müssen wir doch nun wenigstens fragen: »Was ist es denn, das da Ehrfurcht in uns erweckt? Was meinen wir mit dem Wort »Ewigkeit‹?« Und schon ehe wir darauf antworten können, ist uns vermutlich klar, dass Ewigkeit nicht nur Gegenstand oder Inhalt von Religion ist, sondern vor allem deren Voraussetzung, so wie auch »Mensch«, »Leben« und »Tod« Voraussetzungen sind für Religion, ohne in sich religiöse Worte oder gar christliche Begriffe zu sein.

Wie man heute von Ewigkeit redet

alltäglich und uneigentlich

»Ewig«, das Wort wird oft mit einem Stoßseufzer ausgesprochen. Da redet jemand »ewig« das Gleiche. Da tut jemand etwas so langsam, dass es »ewig« dauert. Da hat jemand keine Geduld, ein Ziel zu erreichen, weil es ja »ewig« dauert. So ist also »ewig« oft gepaart mit »unerträglich«. Oder aber es ist etwas schon »ewig« lange her, sodass es inzwischen keine Aktualität mehr besitzt und darum bedeutungslos geworden ist. So werden also in unserer Umgangssprache die Worte »ewig« und »Ewigkeit« fast nur noch so verwendet, dass jeder weiß, es geht hier um eine gewaltige Übertreibung. Aber das macht sich kaum jemand bewusst. Und diese Übertreibung wird auch noch als solche veralbert mit der Redewendung »ewig und drei Tage«. Wenn ich meine Gedanken auf den Weg schicke, um zu suchen, wann und wo die Veroberflächlichung dieses so inhaltsschweren Wortes beginnt, dann fühle ich mich allerdings wie einer, der im Nebel tappt. Zugleich aber fällt mir auf, dass im gleichen Maße, in dem die Veroberflächlichung zunimmt, die Verwendung im eigentlichen und ernsthaften Sinn abnimmt. Da habe ich gerade – im Oktober 2005 – drei eben erschienene Artikel von verschiedenen Verfassern über die »gegenwärtige Trauerkultur« gelesen. Nicht ein einziges Mal kommt darin das Wort oder der Gedanke »ewig« vor, weder in positiver noch in ablehnender Verwendung. Aber es wird deutlich zum Ausdruck gebracht, dass wir unsere »Endlichkeit annehmen« müssen. Also scheint dieses Akzeptieren der Endlichkeit weithin zu fehlen. Und das müsste doch heißen: Wir sind schweigend der »Unendlichkeit« oder der »Ewigkeit« verfallen. Das wäre eine höchst überraschende Schlussfolgerung.

religiös

Im religiösen Gebrauch ist »Ewigkeit« – wie im Va-
terunser – heute überwiegend eine Schlussformel.
Vordergründig zeigt sich das in der Formulierung von
liturgischen und anderen Gebeten. Sie enden sehr oft
mit »Dir sei Ehre in Ewigkeit« oder »der du mit dem
Vater und dem Heiligen Geist lebst und regierst von
Ewigkeit zu Ewigkeit«. Letzteres ist eine Übertragung
des lateinischen »per omnia saecula saeculorum« =
»durch alle Zeitalter der Zeitalter«, also eine Art von
Obersuperlativ. Und das lateinische »Saeculum« ist
eine Übertragung des griechischen »Äon«. Gemeint
sind jeweils sehr lange Zeitabschnitte. Und durch ihre
Vervielfachung werden sie der Unendlichkeit ähnlich.
Aber die Formulierungen sind völlig unpräzise. Sie
kennzeichnen ein Denken, das sich im Unüberschau-
baren und Undurchschaubaren verliert. Was so im
Gebet über Gott und zu Gott gesprochen wird, das
vollzieht sich häufig auch dann, wenn Menschen von
ihrem Sterben reden: Schussformeln, die sich im Undurchschaubaren verlieren. So hört man etwa, ein
Mensch sei »verewigt«, oder der Tod sei »der Schritt
vom Vorläufigen ins Endgültige, der Schritt vom Zeitlichen ins Ewige« (Michel Quoist). So erscheint also
das Sterben wie ein Hinüberwechseln von einem
Raum in einen anderen, vom Diesseits ins Jenseits.
Dabei rücken dann »Jenseits« und »Ewigkeit« ineinander, obgleich »Jenseits des Todes« und »Ewigkeit«
ganz und gar nicht dasselbe sind. Auch sonst scheint
mir das Nachsinnen über die »Ewigkeit« im kirchli-
chen und religiösen Bereich zurückgetreten zu sein.
Ein Vergleich des 1994 zuerst erschienenen »Evangelischen Gesangbuches« mit dem vorangegangenen

»Evangelischen Kirchengesangbuch« bestätigt mir das. So fehlen jetzt z. B. die früher viel gesungenen Lieder »Geht hin, ihr gläubigen Gedanken, ins weite Feld der Ewigkeit« und die einander korrespondierenden Lieder »O Ewigkeit, du Donnerwort« und »O Ewigkeit, du Freudenwort«. Neueres Vergleichbares zu dieser Thematik fehlt im neuen Gesangbuch. Ist das Zufall oder Symptom einer Veränderung? Zum Abschluss dieses einleitenden Abschnittes müssen wir uns aber doch noch vergegenwärtigen, dass in der Gegenwart die Unendlichkeitssehnsucht im Glück nicht geringer ist als zu anderen Zeiten. Auch heute gibt es den dankbaren oder beglückten Seufzer: »So könnte es ewig weitergehen!« Und immer wieder wird aus Nietzsches »Trunkenem Lied« zitiert: »doch alle Lust will Ewigkeit, will tiefe, tiefe Ewigkeit.«

philosophisch?

Hinter dem Wort »philosophisch« steht hier ein Fragezeichen, weil es fraglich ist, ob das Thema »Ewigkeit« in der gegenwärtigen Philosophie überhaupt behandelt wird. Jedenfalls findet man es kaum. Noch vor weniger als 200 Jahren war es unausweichlich vorgegeben, hatte eine Schlüsselstellung. Nun scheint es ausgeklungen zu sein. Die Ansätze haben sich verändert. Die existentialistische Ontologie (Heidegger, 1889–1976; Sartre, 1905–1980) sieht auf das Sein in der Existenz. Aber an einigen Stellen leuchtet das Thema »Ewigkeit« plötzlich wieder auf. So sind etwa die Nachwirkungen Ludwig Wittgensteins eher im Wachsen als im Schwinden begriffen. Schon 1918 hatte er seine »Logisch-philosophische Abhandlung«

abgeschlossen. Darin schreibt er gegen Ende: »Wenn man unter Ewigkeit nicht unendliche Zeitdauer, sonderen Unzeitlichkeit versteht, dann lebt der ewig, der in der Gegenwart lebt.« (6.4311) und: »Die Anschauung der Welt sub specie aeterni (angesichts des Ewigen) ist ihre Anschauung als – begrenztes – Ganzes.« (6.45). Der Schlusssatz lautet: »Wovon man nicht sprechen kann, darüber muss man schweigen.« (7). Diese Sätze behalten für Wittgenstein trotz seiner folgenden tief greifenden philosophischen Wandlungen ihre Gültigkeit. Und sie wurden wegweisend für viele bis in die Gegenwart. Eine dauerhafte Wirkung zeigt auch der mathematische Platonismus – neu etabliert durch Wittgensteins Lehrer Gottlob Frege. Demzufolge sind Zahlen »verstandesunabhängig«, sie sind »immaterielle Objekte, die schon immer existiert haben und immer existieren werden.« »Sie sind ewig.« (C. McGinn, geb. 1950). Einen solchen mathematischen Platonismus vertritt auch Roger Penrose. Und schließlich sehe ich eine Konfrontation mit der Ewigkeit bei den Denkern der Begegnung mit dem Anderen. In den 1920er Jahren war da vor allem Martin Buber (1878–1945), und in der zweiten Hälfte dieses Jahrhunderts Emmanuel Lévinas, der durch einen intensiven Dialog mit Heidegger hindurchgegangen war.

I Wie kommen wir zu dem Begriff »Ewigkeit«?

Das Erwachsen des Gedankens »Ewigkeit« aus unserem Leben in Raum und Zeit

Erfahrung der Vergänglichkeit und Verlorenheit

Wir würden nicht leben, wenn wir nicht wie alles Leben den Selbsterhaltungstrieb hätten. Selbstbehauptung ist oft ein bitterer Kampf, ein Kampf auch gegen anderes Leben, ein Kampf bis zum Letzten. Das Ergebnis ist Sieg, Überleben oder Verletzung, Leiden, Tod. Der Überlebenswille und die Hoffnung bleiben jedoch bis zum Zusammenbruch. Und der denkende leidende Mensch schreit auf: »Das kann doch nicht alles sein!« Dann aber ist der Leib still, zerstört; irgendwie ist er jedoch noch umgeben vom Hauch seines Lebens. Wie soll man ihn nun bestatten? Dort, wo die Ahnen liegen. Auch ihr Lebenshauch ist noch spürbar. Darum ist es gut, zu bestatten, wo sie liegen, die Toten zu »versammeln zu ihren Ahnen«. Vielleicht aber ist der Entwichene auch fortgeschwebt in ein besseres Land, in unvergängliche »ewige Jagdgründe« oder andere Gefilde. Deshalb muss man den Toten ausrüsten für die Reise, die er nach dem Sterben vor sich hat. So finden wir in vielen Kulturen sorgfältig ausgewählte Grabbeigaben.

Manche haben dieses Entschweben gesehen oder gespürt. Als Taube erhob sich die Seele des eben Gestorbenen. Die Alten Ägypter sprachen von dem Seelenvogel Ba, der das Antlitz des Toten trägt. Und in dem niederdeutschen Märchen von dem »Machandelboom« (Sammlung der Brüder Grimm Nr. 47) heißt es: »Dat is nu all lang heer, wol twe dusend Johr...«.

16

Es erzählt von dem schrecklichen Tod eines kleinen Jungen. Das Schwesterchen bindet die zurückgebliebenen Knochen in ein Tuch und legt sich mit diesem Bündel unter den Machandelbaum. Da entsteht ein Nebel um den Baum, und es leuchtet wie Feuer. Und daraus fliegt ein schöner Vogel hervor. Der singt das Lied von dem grausamen Schicksal des toten Kindes. Und allmählich wird klar, dass dieser Vogel das tote Kind ist. Solche Verwandlung, solches Entschweben ist ein tiefer, stiller Trost. Aber das Sterben ist grausam und schmerzlich.

Das ist nicht immer so gewesen. Die Alten Griechen erzählen vom Goldenen Zeitalter. Da lebten die Menschen vegetarisch: Honig, Symbol der Unsterblichkeit, tropfte von den Bäumen. Milch gaben ihnen Schafe und Ziegen. Sie alterten nie, tanzten und lachten viel. Zum Sterben legten sie sich wie zum Schlaf. Ihre Seelen lebten als Geister ländlicher Zufluchtsorte weiter. Noch wirksamer als Milch und Honig im Goldenen Zeitalter sollen Nektar und Ambrosia gewesen sein, die den Göttern Unsterblichkeit verliehen. Gelegentlich soll es auch Menschen gegeben haben, die mit geheimnisvollen Kräften ausgestattet waren, sodass sie einen Zaubertrank herstellen konnten, der vor dem Sterben bewahrte. Oder man konnte das Wasser des Lebens finden, wenn man einen gefahrvollen, weiten Weg zurücklegte. Dieses Wasser wirkte ähnlich wie ein Jungbrunnen. Nach der germanischen Mythologie spendete die Quelle Urd unaufhörlich ein solches Lebenswasser für den Weltenbaum. Diese Quelle stand in der Obhut der Nornen, der Schicksalsgöttinnen, die auch über die Götter verfügten und die blieben, wenn die Götter untergingen. Auf vielfältige Weise also haben Menschen in der Not der Vergänglichkeit und des Zunichtewerdens Halt gefunden in der Überzeugung, dass das Leben und Sein über den Tod hinaus weitergeht. Wir sahen aber auch, dass solche individuelle Hoffnung sich auf Allgültiges gründete.

Erfahrung von Beständigkeit

Was den Menschen über sein eigenes vergängliches Leben hinaus trägt, ist – wie es uns schon erkennbar wurde – nicht nur ein dem Einzelnen zuteil werdender glücklicher Zufall, sondern es ist Teil dessen, das die ganze Welt trägt. Mircea Eliade (geb. 1907) weist in der Einleitung zu seinem Buch »Schöpfungsmythen« darauf hin, dass Schöpfungs- und Weltentstehungsmythen einen rituellen Sitz im Leben haben. So werden sie in manchen Kulturen in lebensbedrohlichen Situationen zitiert. Und damit vergegenwärtigen sich Menschen am Abgrund ihrer Existenz, dass da etwas ist, das immer trägt und auch uns Einzelne, meine geliebten Menschen und mich, nicht dem Verschlungenwerden überlässt. Denn die Schöpfungskraft ist immer neu. Dieses »Immer« verleiht dem Sein Beständigkeit. Auf Griechisch heißt »immer« »aei«, poetisch auch »aiei«. Und »Aion«, Äon, das ist die unübersehbar lange Zeit, »aevum« im Lateinischen, die »Ewigkeit« (alt-hochdeutsch: ewig = »ewigo«). Und gerade im Deutschen gewinnt dieses Wort zum Begriff der unübersehbar langen Zeit die Bedeutung von »Zuverlässigkeit« hinzu. »Eh«, »Ehe« – das meint das Gültige, das immer Verlässliche. In einem Gedicht von Paul Appel (1896–1971) aus dem zweiten Weltkrieg findet das lebendigen Ausdruck:

Das Immer
11.9.1944

Wir trauerten durchs Trümmerfeld,
Dein Gesicht an meiner Schulter.
Wir sahen Leichen vergrauster Welt,
Wir hörten das Flehen der Dulder.

Wo einmal die ruhige Treppe war,
Geschönt in ihren Stufen,
Dort zog es uns hin. Dort war 's noch wahr.
Wir fühlten das stummende Rufen.

Auf zerschlagenem Stein wir ruhten still.
Wir erschauten wahrere Zeiten.
Uns wurde fromm. Es war wie Gequill
Von damals als wir uns freiten.

Dann hob Geschlafe uns liebend fort.
Blut, Trümmer sanken ins Leere.
Traum sprach sein freies Zauberwort,
Daß Geist nach dem Äther gehöre.

Und wieder der Morgen. Und wieder wir Zwei.
Wir wußten uns neu. Mordrausch, die Trümmer:
Sie waren das Nichts, sein trübes Vorbei.
Das Licht über uns war das Immer.

Für den Beter in Israel ist das immer Beständige nicht
anonym. Es ist Gott, der Herr.

Psalm 90: Ein Gebet des Mose, des Mannes
Gottes.

Herr, du bist unsere Zuflucht für und für. Ehe denn die Berge wurden und die Erde und die Welt geschaffen wurden, bist du, Gott, von Ewigkeit zu Ewigkeit. Der du die Menschen lässest sterben und sprichst: Kommt wieder, Menschenkinder!

Nicht in allen Kulturen ist dieses »Schon immer« stets gleich bleibend. Es kann auch ein »Immer wieder«, ein Kreislauf sein. Im Hinduismus und dann auch bei den griechischen Orphikern weiß man von der Seelenwanderung und dem »Rad der Wiedergeburt«. Der Mythos vom Vogel Phönix erzählt, dass dieser geheimnisvolle Vogel alle 500 Jahre von Indien nach Ägypten geflogen kommt, sich dort verbrennt und aus seiner Asche neu ersteht. Das kündet jeweils ein neues Zeitalter an. Ein solch ständiger Wechsel der Zeitalter und sich wiederholender Kreislauf der Weltzeiten und vor allem die rastlose Wanderung der Seelen durch stets neue Verkörperungen kann aber auch etwas Bedrückendes an sich haben und Sehnsucht wecken nach ewiger Ruhe, nach dem Nirwana.

Unbegreiflichkeit als Grenzerfahrung

Nirwana, Ende allen Suchens, allen Wollens, allen Fragens: Gibt es das, wenn es doch nichts mehr gibt, wenn niemand da ist, der es erlebt? Ist es »nichts«? Gibt es »das« Nichts?

Dieses Fragen hat Ähnlichkeit mit dem nach dem Ursprung. Eine alte germanische Dichtung lautet:

Urzeit war es,
da nichts noch war:

Nicht war Sand noch See
noch Salzwogen,
nicht Erde unten
noch oben Himmel,
Gähnung grundlos,
doch Gras nirgends.

Das klingt noch radikaler als das Urchaos der griechischen Mythologie. Das ist der Abgrund, der Abyssos
(griech.). Aber auch diese Gähnung findet ihren myt-
hischen Ausdruck: Als Ketos (griech.), das See-
ungeheuer der Tiefe, nimmt der Abgrund Gestalt an
oder als Leviatan, der in der Bibel genannt wird, oder
als Midgardschlange, Fenriswolf und Hel in der germanischen Welt. In der Götterdämmerung und im
Weltuntergang tötet Thor die Midgardschlange und
stirbt dann an ihrem Gift. Alles ist am Ende. Aber aus
dem Nichts geht eine neue Welt des Glücks und des
Friedens hervor. So ist also das Nichts Abgrund und
Urgrund. Es weckt Erschauern und Staunen, Ergriff-
enwerden durch das Unbegreifliche.

Unbegreiflich sind aber nicht nur das Sein und das
Nichts sondern auch die räumliche und zeitliche Unendlichkeit. Schritt für Schritt mussten die Menschen
erkennen, dass unsere Welt sich nicht in Sphären des
Seins bis hin zum obersten Himmel in das Sein Gottes
erhebt, sondern dass unsere Welt ohne Ende ist. Es ist
unausweichlich, das zu denken, und dennoch kann es
nicht wirklich gedacht werden. Die tiefe Verwunde-
rung und Erschütterung darüber erlebt heutzutage fast
jeder Mensch schon als Kind. Und das gilt sowohl in
räumlicher als auch in zeitlicher Hinsicht. Zeitlich
wird diese Erfahrung zunächst gleichgesetzt mit der
Konfrontation mit dem Gedanken »Ewigkeit«.

In Grimms Märchensammlung z.B. finden wir die Erzählung von dem weisen Hirtenbüblein: Der König hört von diesem Jungen, lässt ihn kommen und legt ihm drei Fragen vor, die noch niemand beantworten konnte. Die dritte Frage lautet: »Wie viel Sekunden hat die Ewigkeit?« Da sagt das Hirtenbüblein: »In Hinterpommern liegt der Demantberg, der hat eine Stunde in die Höhe, eine Stunde in die Breite und eine Stunde in die Tiefe; dahin kommt alle hundert Jahr ein Vögelein und wetzt sein Schnäbelein daran, und wenn der ganze Berg abgewetzt ist, dann ist die erste Sekunde von der Ewigkeit vorbei.« Nach dieser Antwort lässt der König das Hirtenbüblein für immer in seinem Schloss wohnen. Und damit hat er recht getan, denn die Grenzen des Begreifens sind offensichtlich geworden. Und es ist gut, das immer gegenwärtig zu haben.

Der Begriff »Ewigkeit« gründet sich auf den Ursprung unseres Wahrnehmens und Wissens von Raum und Zeit

Sind Raum und Zeit Anschauungsformen a priori?

Was besagt diese Frage und warum ist sie für unsere Thematik von Belang? Wir leben in und mit Raum und Zeit. Nur von daher erhält der Begriff »Ewigkeit« für uns einen Sinn. Ewigkeit steht Raum und Zeit gegenüber und hat eine Beziehung dazu. Ewigkeit übersteigt Raum und Zeit, und nur von daher erhält das Wort »Ewigkeit« seine Bedeutung. Darum können wir nicht von Ewigkeit reden, ohne zuvor nach Raum und Zeit zu fragen. Wie also sind Raum und Zeit für uns wirklich? Sicher, wir spüren Raum und Zeit im Vollzug unseres Lebens. Aber wie spüren wir beides? Ist es nicht etwas, das jeder Definierbarkeit vorausgeht? Wie viele Ansätze es gibt, darauf zu antworten, ist schwer zu sagen. Aber jedenfalls zwei haben in unserem Kulturkreis größte Bedeutung erlangt. Der eine sagt: Wir finden uns in Raum und Zeit vor, sowie wir existieren. Raum und Zeit sind uns vorgegeben. Dieses Vorgegebensein wird dann allerdings wieder sehr unterschiedlich verstanden.

Entweder wird es nur gesehen als Strukturform der Welt oder es ist darüber hinaus Merkmal der Abhängigkeit von einem Schöpfer bzw. von einem unwandelbaren, ewigen Sein. Damit haben Raum und Zeit also keinen eigenen Bestand. Oder aber man sieht es wie Kant: Raum und Zeit können nicht so von uns erkannt werden wie alles, was wir empirisch, also mit unseren Sinnen oder mit Instrumenten wahrnehmen. Aber trotzdem sind Raum und Zeit vor allen unseren Erkenntnisvorgängen da, jedoch nicht außerhalb von uns, sondern innerhalb von uns als Formen unserer Anschauung. Somit sind sie vor aller Erkenntnis da – und das nennt Immanuel Kant (1724–1804) »a priori« – aber nicht außerhalb von uns, sondern in uns.

Der andere Ansatz liegt in der Überzeugung, dass Raum und Zeit von uns selbst im Vorgang des Erkennens konstruiert werden. Damit werden zwar Raum und Zeit nicht a posteriori (also durch unsere empirischen Erkenntnisvorgänge) erkannt, aber sie werden innerhalb der Erkenntnisvorgänge von uns konstruiert. Wenn man diesem Ansatz zuneigt, muss man zwangsläufig die These Kants ablehnen, Raum und Zeit seien Anschauungsformen a priori. Das hat dann aber auch zur Folge, dass wir den mit Raum und Zeit korrespondierenden Begriff der Ewigkeit nicht als a priori vorgegeben ansehen können, sondern als eine Ableitung aus unserem eigenen Konstrukt. Was sich daraus für den Begriff der Ewigkeit ergibt, soll weiter unten erörtert werden.

Die neuro-psychische Genese von Raum und Zeit

Die Erkenntnis, dass die Zeit in uns geboren wird, ist nicht zuerst das Ergebnis moderner Schlauheit. Schon bei Augustinus (354–430) können wir lesen: »Es gibt drei Zeiten, die Gegenwart des Vergangenen, die Gegenwart des Gegenwärtigen und die Gegenwart des Künftigen. Denn es sind diese drei in der Seele, und anderswo sehe ich sie nicht, gegenwärtig ist das Erinnern des Vergangenen, gegenwärtig die Anschauung des Gegenwärtigen, gegenwärtig die Erwartung des künftigen.« (»Bekenntnisse« 11. Buch, 20. Kapitel) »… durch das geht sie hindurch, was keine Spanne umfasst …« (21. Kapitel) und »Doch was keine Zeitspanne umfasst, das misst sich nicht.« »Die handgreiflichsten und alltäglichsten Dinge sind es, und wieder bleibt das Gleiche allzu sehr verborgen, und etwas Unerhörtes ist des Rätsels Lösung.« (22. Kapitel) »In dir also, o mein Geist, messe ich die Zeiten.« (27. Kapitel) Also nicht erst bei Kant, sondern schon viel früher wurde der Gedanke ausgesprochen, dass »Zeit« im menschlichen Bewusstsein entsteht. Und während Kant noch Raum und Zeit als im Bewusstsein vorgegebene Anschauungsformen betrachtet, sieht Augustinus darin eher eine Tätigkeit der Seele.

In der Gegenwart hat vor allem der Neuropsychologe Ernst Pöppel (geb. 1940) die Entstehung von Zeitbewusstsein in uns erforscht. Sein 1985 zuerst erschienenes Buch »Grenzen des Bewußtseins« ist inzwischen ein Klassiker geworden. Darin – und auch andernorts – legt er vor allem Folgendes dar:

Erstens: Ohne Zeit gibt es keine Wahrnehmung, auch nicht in räumlicher Hinsicht.

Zweitens: Die Signale der Sinnesorgane werden im Gehirn zu einer Gleichzeitigkeit zusammengeordnet. Das ist ein sehr differenzierter Vorgang; denn die Geschwindigkeiten der Signale vom Ausgangspunkt zum Empfänger sind unterschiedlich schnell. Schall braucht länger als Licht. Dagegen werden akustische Signale viel schneller umgesetzt als optische. Insgesamt braucht dieser Vorgang der Zusammenordnung der Signale zu einer Gleichzeitigkeitswahrnehmung 0,03 bis 0,04 Sekunden. Das wiederum entspricht einer elektrischen Oszillation im Gehirn mit einer

Schwingungsdauer von eben dieser Zeit: 0,03 bis 0,04 Sekunden. Unterhalb dieser Zeiteinheit kann es keine Gleichzeitigkeitswahrnehmung, das heißt überhaupt keine Wahrnehmung geben.

Drittens: Diese Gleichzeitigkeitswahrnehmungen werden über zirka drei Sekunden im Gehirn festgehalten, mit im Gedächtnis vorhandenen Vorstellungen und Eindrücken verbunden und erzeugen so ein komplexes Gegenwartserleben. Nur dadurch können Wörter, Melodien und andere Zusammenhänge als solche erlebt und erkannt werden. »Gegenwart« ist also nicht punktuell. Punktuelle Gegenwart wäre ein sinnloses Chaos. Gegenwart ist vielmehr eine Art von Drei-Sekunden-Fenster.

So also geschieht Wahrnehmung bei uns Menschen. Sie hat sich in der Evolution als das bewährt, was unsere Spezies für die Existenz in ihrem Lebensraum braucht. Für andere Lebensformen geschieht dementsprechend die Wahrnehmung partiell anders. Eine »objektive Wirklichkeit« vermittelt uns unsere Wahrnehmung nicht.

Subjektivität und Objektivität von Raum und Zeit

Vielleicht war bei manchem Leser die Lektüre des letzten Abschnittes von Protest begleitet: Ist es nicht übertrieben, von der Geburt der Zeit in uns zu sprechen? Geht es nicht nur um die Wahrnehmung von Raum und Zeit? Existiert nicht auch beides ohne uns? Die Antwort kann nur lauten: Ich habe keinen anderen Zugang zu den Ursprüngen der Impulse, die »ich« aufnehme, als über das Konstrukt von raum-zeitlicher Wahrnehmung, das in mir entworfen wird. In mir selbst wird der Begriff von Raum und Zeit entworfen. Es gibt keinen Begriff von Raum und Zeit an sich. Woher sollte er denn kommen, wenn nicht aus mir?

Begriffe und Worte sind menschliche Errungenschaften, mit denen wir mehr oder weniger erfolgreich in unserem Lebensraum umgehen. Aber kommen wir an die Grenzen unsres Erfahrungsbereiches, so stellen wir die Unzulänglichkeit unseres Instrumentariums fest. Wenn wir auf die Physik zu sprechen kommen, muss davon wieder die Rede sein.

Im Hinblick auf unser Thema »Ewigkeit« ergibt sich daraus Folgendes: »Ewigkeit« meint etwas, das durch Raum und Zeit nicht erfasst werden kann. Der Gedanke »Ewigkeit« aber entsteht in uns im Anschluss an das von uns entworfene Konzept von Raum und Zeit. Infolgedessen überträgt sich alle Fragwürdigkeit im Hinblick auf Raum und Zeit erst recht auf Ewigkeit. Darum ist es auch ein sehr widersinniges Verfahren, wenn der Versuch gemacht wird, Raum und Zeit aus »Ewigkeit« abzuleiten, wo doch gerade »Ewigkeit« (mit Verlaub: als eine Art »Hochrechnung«) aus Raum und Zeit entstanden ist.

Natürlich kann dieses aus Raum und Zeit auf vielfältige Weise »hochgerechnete« Ergebnis »Ewigkeit« einen so hohen Rang an Wichtigkeit bekommen, dass ich es zu einem Axiom erkläre. Dann kann ich natürlich von dort aus wieder »rückwärts« begründen. Aber wo das geschieht, muss unbedingt der Hinweg im Bewusstsein bleiben, sonst ist der Rückweg nicht nachvollziehbar und nicht zu rechtfertigen. Möglicherweise liegt es an diesem Sachverhalt, dass theologisches Denken für viele von Anfang an nicht nachvollziehbar ist. Wenn zum Beispiel von der Fleischwerdung des »Wortes« die Rede ist, so muss man sich vergegenwärtigen, dass diese Fleischwerdung schon vor der Fleischwerdung beginnt, nämlich darin, dass das Unnennbare »Wort« genannt wird – und nicht anders benannt werden kann. So bleibe ich also in allem Denken bei mir und glaube doch, dass ich nicht bei mir bleibe.

Die Bedeutung physikalischer und mathematischer Konzepte für unsere Begriffe von Zeit, Raum und Ewigkeit

Mathematik: Unendlichkeiten und Ewigkeit

Obgleich der Begriff der Unendlichkeit in der Philosophie und Theologie eine wichtige Rolle spielt, geht doch wohl die Mathematik am meisten damit um. Darum stellen wir die Frage, ob die Mathematik etwas dazu beitragen kann zu verstehen, was Unendlichkeit ist, oder gar, was für eine Beziehung zwischen Unendlichkeit und Ewigkeit besteht. Dass Mathematik zentral mit Unendlichkeit zu tun hat, ist schnell einsichtig; denn vornehmlich beschäftigt sich Mathematik mit Zahlen und mit dem Zählen. Und schon ein Kind, das das Zählen erlernt hat, stellt irgendwann die Frage, wie weit man denn überhaupt zählen könne. Und es kennt bald die Antwort: endlos. Diese Antwort wirkt auf das Kind vielleicht beruhigender, als wenn ihm ein Ende genannt würde. Denn ein Ende würde neues Fragen provozieren. Aber »endlos« sagt dem Kind: »Das ist weit, weit weg von mir, und immer noch weiter. Und ich bin hier. Damit muss ich zufrieden sein.«

Neues Fragen würde allerdings nicht nur durch das Nennen eines Endes geweckt, sondern es wird auch durch die Substantivierung »Endlosigkeit« oder »Unendlichkeit« geweckt. Substantivierung ist in diesem Fall sowohl Abstraktion als auch Objektivierung. Und damit haben wir eines der mathematischen Kernprobleme mit der Unendlichkeit. Während »endlos« noch an eine Richtung oder Bewegung denken lässt, spricht das Substantiv von etwas, so als wäre da ein »Etwas«. Über zweitausend Jahre lang haben sich die Menschen bemüht, bei dem Wort »Unendlichkeit« trotz der Substantivierung stets die Offenheit des Vorganges gegenwärtig zu behalten. »Unendlichkeit« sollte stets nur in der Offenheit der Potentialität gesehen werden. Unendlichkeit als eine vollendete Größe kam nur Gott zu. So gab es nun also den Unterschied zwischen potentieller und aktualer Unendlichkeit. Dieser Unterschied ist in der Mathematik nicht immer beachtet worden. So z. B. formulierte man das Parallelenaxiom des Euklid so: »Parallelen schneiden sich im Unendlichen.« Euklid selber aber hatte gesagt: »Alle Geraden, die nicht parallel sind, schneiden sich im Endlichen.« Da erschien nicht die substantivierte Abstraktion »Unendlichkeit«.

Im Mittelalter gab es noch eine andere Weise des Umgangs mit dem Unbegreiflichen, welches das Leben und die Welt umgibt und durchdringt, eine Weise, die uns sehr fremd geworden ist. Das ist die Zahlensymbolik. Darin stand für Unendlichkeit und Ewigkeit die Acht. Für den Lauf dieser Welt war es die Sieben, die Zahl der Wochentage, der siebente Tag, der Ruhetag »Sabbat«. Sieben war das Viertel der Mondphase. Der Teiler Vier ist die Zahl des Irdischen mit seinen vier Himmelsrichtungen. Die Acht aber ist der Anfang der neuen Schöpfung und des ewigen Lebens. Der erste Tag war der Anfang der Schöpfung, der achte war durch die Auferstehung Jesu von den Toten der Aufgang des Morgenglanzes der Ewigkeit. In diesem Sinn hat die Acht ihren Platz im Kirchbau gefunden, in oktagonalen Türmen und in 8-fältigen – oder als Steigerung auch in 16-fältigen – Rosettenfenstern, die das

Licht in überirdischer Farbenbrechung in den Kirchenraum einschweben lassen.

Nikolaus von Kues (1401–1464), der Theologe und Philosoph der docta ignorantia (des gelehrten Nichtwissens), hatte für die Acht eine besondere Wertschätzung. Das zeigt sich z.B. an dem von ihm gestalteten Bau der Hospital-Kapelle in Kues: In dem nahezu kubischen Raum (Symbol für das himmlische Jerusalem) wird das Gewölbe durch eine einzige in der Mitte stehende oktagonale Säule getragen. Da er auch leidenschaftlicher Mathematiker war, ist es nicht ausgeschlossen (wenn auch bisher der Nachweis noch fehlt), dass auf ihn das mathematische Zeichen für »unendlich«, die liegende Acht zurückgeht.

Dieses alles zeigt einen sehr ehrfürchtigen Umgang mit dem Begriff der Unendlichkeit. Davon kann in der neueren Mathematik weniger die Rede sein. Da spricht man inzwischen von unendlich vielen Unendlichkeiten und hyperunendlichen Mengen. Es scheinen nur bloße Gedankenspiele mit aktualen Unendlichkeiten zu sein. Wie kommt man dazu? Ludwig Wittgenstein (1889–1951) schrieb (in »Bemerkungen über die Grundlagen der Mathematik«, 1984, S. 99 und 248): »Der Mathematiker ist ein Erfinder, kein Entdecker.« Aber »der mathematische Satz ist eine Begriffsbestimmung, die auf eine Entdeckung folgt.« Hier nun ein Beispiel für einen solchen Vorgang:

Schon Plato (427–347 v.Chr.) verzweifelte (das ist nicht übertrieben) an der Tatsache, dass kein Zahlenverhältnis angegeben werden kann für die Länge der Diagonale im Quadrat zur Seite. Durch unablässiges praktisches Ausprobieren fand man dann einmal heraus, dass eine solche Verhältniszahl, also die Zahl, die man mit der Seitenlänge multiplizieren muss, um zu der Diagonalenlänge zu kommen, mit sich selbst multipliziert zwei ergibt. Als Bruchzahl aber kann man sie nicht schreiben, weil der Nenner zugleich gerade und ungerade sein müsste. Das war die Entdeckung. Die Erfindung dazu war nun eigentlich die simpelste Idee – auf die man nur kommen musste: Da man das Problem nicht lösen konnte, benannte man es einfach als solches. Für den Satz: »Jetzt meine ich die Zahl, die mit sich selbst multipliziert zwei ergibt« schrieb man »Wurzel aus zwei« oder » 2«. Und mit solchen irrationalen Zahlen rechnete man nun und kam zu richtigen Ergebnissen, ohne zu wissen, wieso es funktioniert.

Eine erfolgreiche Erfindung war auch die Infinitesimalrechnung = Unendlichkeitsrechnung, weil es um unendlich viele Unterteilungspunkte einer Strecke geht. Da ist nun also von einer Unendlichkeit in das Immer-kleiner-Werden die Rede. So gibt es also eine Unendlichkeit in das Immer-kleiner-Werden und eine Unendlichkeit in das Immer-größer-Werden. Alle Axiome der bisherigen Mathematik gerieten aber Mitte des 19. Jahrhunderts an ihr Ende durch Bernhard Riemann (1826–1866). Er behauptete: »Die Maßverhältnisse des Raumes sind wie alle Tatsachen nicht notwendig, sondern nur von empirischer Gewissheit, sie sind Hypothesen.« Mit anderen Worten: Es kann auch andere »Räume« geben als den des Euklid. Und welche Axiomensysteme man wählen muss, entscheidet der Fall der Anwendung. Eine für unsere Thematik scheinbar revolutionäre Bedeutung hatte der Versuch Georg Cantors (1845–1918), den Begriff der Unendlichkeit zu klären. Da er aber, wie schon oben gesagt, keine Rücksicht darauf nahm, dass Unendlichkeit im Prinzip potentiell ist, und mit aktualen Unendlichkeiten verschiedener Art umging, können seine

Konzepte vernachlässigt werden für einen Unendlichkeitsbegriff, der für den Gedanken »Ewigkeit« Belang haben könnte.

Physik: Relativiert die Relativität von Raum und Zeit auch den Begriff der Ewigkeit?

Im vorigen Abschnitt hatten wir bedacht, dass man seit Bernhard Riemann (Habilitationsrede 1854) nicht mehr mit der einschränkungslosen Gültigkeit der euklidischen Geometrie rechnen durfte. Alle in ihr vorausgesetzten Maßverhältnisse sind, wie alle »Tatsachen«, nicht notwendig, sondern nur von empirischer Gewissheit. Es sind auch »gekrümmte« Räume mit verschiedenen Krümmungsgraden denkbar. Das war ein fundamentaler Angriff auf das seit Newton gültige Weltbild, in dem Maße, Bewegungen und Zeitabläufe feste, berechenbare Größen darstellten. Die Astrophysik aber und Einsteins spezielle und allgemeine Relativitätstheorie zeigten, dass die riemannschen Räume keine bloße Gedankenspielerei waren. Geschwindigkeiten und Zeitabläufe ließen sich in kosmischen Ausmaßen nicht mehr kontinuierlich und geradlinig beschreiben. Geschwindigkeiten wurden als relativ zum Betrachter erkannt und haben in der Lichtgeschwindigkeit eine absolute Obergrenze. Damit war einer objektiven Betrachtung des Kosmos der Boden entzogen. Der Mensch, welcher sich einst mit seinem geozentrischen Weltbild in der Mitte der Welt wähnte, war nun zu einer Randerscheinung, einem kosmischen Nomaden geworden. Zeit, Bewegung und Raum konnte er nur noch subjektiv und relativ zu sich selber erkennen.

Für die Physik allerdings stellten Raum und Zeit Koordinaten in einem Raum-Zeit-Kontinuum dar. Keines von beiden ist für sich etwas. Keines von beiden hat Vorrang. So wäre im Prinzip auch Zeit umkehrbar. Aber die Tatsache, dass es in unserem Universum eine Zunahme an Unordnung und einen Verlust an Wärme und Energie (Entropie) gibt, verleiht der Zeit eine Richtung. So sagt es der zweite Hauptsatz der Thermodynamik. Damit behält also, trotz aller Relativität, die Zeit ihre Richtung. Zukünftiges kann niemals Ursache für Vergangenes werden. Darum gibt es keine Zeitreisen. Es bleibt bei der Vergänglichkeit. Und es bleibt bei der Ausschau nach Ewigkeit. Aber wie kann diese denn vorstellbar sein?

Der Theologe Karl Heim (1874–1958) hat dafür ein groß angelegtes Konzept entworfen. Und Albert Einstein (1879–1955) hat sich in Heims Deutung der Relativitätstheorie durchaus verstanden gefühlt (K. H. Manzke, Ewigkeit und Zeitlichkeit; 1992, S. 411). Heim geht davon aus, dass wir spätestens seit Einsteins Relativitätstheorie zugeben müssen, dass alle unsere Erkenntnis perspektivisch und damit subjektiv ist. Und genau das gilt auch für die Erkenntnis des Glaubens. Nur findet diese Glaubenserkenntnis nicht in den mehrdimensionalen Räumen statt, und nicht als eine solche, die sich wohl mit subjektivem Ausgangspunkt aber doch nach dem Subjekt-Objekt-Schema abspielt. Den Zugang zum Erkennen des Glaubens finden wir eher, wenn wir bedenken, dass wir uns nicht nur in dem physikalisch beschriebenen Raum-Zeit-Kontinuum befinden, sondern gleichzeitig in dem nichtgegenständlichen Raum der personalen Begegnung, welcher physikalisch nicht erfassbar ist. Heim nennt ihn in Anlehnung an Friedrich von Schelling

(1775–1854) den polaren Raum. Das ist ein Raum der Komplementarität – Komplementarität wie männlich und weiblich, Tag und Nacht und vieles andere mehr. Schon die taoistische Weisheit sah so die Welt. Und sie lehrt, dass man sich in die so beschaffene Welt mit Einsicht einfügen solle. Aber das ist nicht leicht, denn darin liegt eine endlose Rastlosigkeit, unerfüllte Sehnsucht und Unerlöstheit. Bleibt es dabei? Oder gibt es eine andere Daseinsform? So fragt Heim. Und er antwortet: Ja, es gibt die Flucht aus dem Dasein, die Verneinung des Willens zum Sein. Und dabei verweist er auf den Vedantismus und den Buddhismus. Eine ganz andere Möglichkeit gibt es nur in einem anderen Sein, in dem die Polarität nicht auf negative, sondern auf eine positive Weise aufgehoben ist. Und das ist der überpolare Raum, in dem Gott für uns gegenwärtig ist. Gegenüber allem Sein ist diese Wirklichkeit »das ganz Andere« und völlig Unfassbare, das sich dem Zugriff des Denkens und der Beobachtung entzieht.

In diesem Konzept von Karl Heim fühlte sich, wie schon gesagt, Einstein verstanden. Andere Physiker allerdings, wie Max Born (1882–1970) und Wolfgang Pauli (1900–1958), meinten, er habe sich »in seine Metaphysik verrannt.« Heim jedoch hatte Mühe, den Zugang zu dem überpolaren Raum von mystischer Erfahrung und dem Nirwana abzusetzen. Angeleitet durch die Einsichten des Tiroler Lehrers und Denkers Ferdinand Ebner (1882–1931) kehrte er in die »polare Konzeption« der Ich-Du-Beziehung zurück und übertrug diese auf die Gottesbeziehung.

So lassen wir die Thematik hier zunächst einmal stehen, lassen es auch stehen, dass man bei Heim von einem mythisch-spekulativen Denken reden könnte. Aber wir müssen auch anerkennen, dass dieses Den-

ken nur der Versuch ist, erfahrene Wirklichkeit zeit-
gemäß zu beschreiben. Wir sind damit aber noch nicht
am Ende der Aufgaben, die der Theologie durch die
Physik gestellt sind.

Quantentheorie als Zugang zum Begriff »Ewig-keit«

Den entscheidenden Schritt über die »klassische Physik« hinaus sieht Thomas Görnitz (geb. 1943), ein en-
ger Mitarbeiter von C. F. v. Weizsäcker (geb. 1912),
nicht etwa in den beiden Relativitätstheorien und auch
nicht in der Chaostheorie, denn sie ändern an einer
unverrückbar festgelegten Determiniertheit nicht das
Geringste (Görnitz in O. Reinke Hg, Ewigkeit? 2004,
S. 69). Die Kausalität wirkt demnach so unausweichlich, dass die Zukunft, wenn wir sie auch nicht erkennen können, doch total festliegt. Damit wäre unser
freier Wille ganz und gar eine Illusion. Dazu muss
hier eine theologische Anmerkung eingefügt werden:
Wenn z. B. Martin Luther von dem unfreien Willen
des Menschen sprach, so meinte er damit gewiss nicht
eine a-personale, unausweichliche Determiniertheit,
sondern er sprach von einem Unterworfen-Sein unseres Willens unter den Widerstreit der Mächte. Unser
Wille sei wie ein Maultier, das von Gott oder dem
Teufel geritten werde. Aber durch Gottes Gnade kann
sich im Laufe unseres Lebens daran etwas zum Guten
ändern. Glaube bedeutet das Vertrauen darauf, dass
Gott uns aus der Unausweichlichkeit unseres Lebens
erlösen kann. Fatalismus und christliche Zuversicht
schließen sich also aus. Deshalb hätte sich Luther
niemals einer Lehre von der unausweichlichen Deter-

miniertheit, wie etwa Laplace sie vertrat, anschließen
können. Wir werden später noch (III) ausführlich davon zu reden haben.

In der Physik allerdings gab es neue Einsichten, die
das Konzept einer absoluten Determiniertheit und damit prinzipiellen Berechenbarkeit als unzulänglich, ja
falsch erscheinen ließen. Dennoch schrieb Max
Planck (1858–1947) (Der Kausalbegriff in der Physik,
1932):

»Da das klassische Weltbild versagt hat, ist es durch
ein anderes zu ersetzen. – Das ist nun in der Tat geschehen. Das neue Weltbild der Quantenphysik ist gerade dem Bedürfnis entsprungen, die Durchführung
eines strengen Determinismus auch mit dem Wir-
kungsquantum zu ermöglichen. Zu diesem Zwecke
mußte der bisherige Urbestandteil des Weltbildes, der
materielle Punkt, seines elementaren Charakters ent-
kleidet werden, er ist aufgelöst worden in ein System
von Materiewellen. Diese Materiewellen bilden die
Elemente des neuen Weltbildes.«

Ereignisse aus diesem Weltbild in unsere Sinnen-
welt zu übertragen, ist nun sehr viel schwieriger geworden, als es in der klassischen Physik war. Aber es
ist unangemessen, ist übereilt, daraus ein Ende des
Determinismus abzuleiten. Vielmehr scheint es gefor-
dert, den Begriff der Kausalität neu, ja anders zu for-
mulieren. Ein Merkmal des klassischen Kausalitäts-
begriffes war es, dass man bei umfassender Kenntnis
der Ursachen ein Ereignis müsse präzise voraussagen
und durch Veränderung der Ursachen auch beabsich-
tigt modifizieren können. Das ist so nach dem Weltbild der Quantenphysik nicht mehr möglich, weil die
Ereignisse durch das Subjekt des Betrachters mit-
bestimmt werden. Dadurch wird das Kausalitäts-

gefüge so undurchschaubar, dass man das so genannte Kausalitätsgesetz zu einem »heuristischen Prinzip, einem Wegweiser« herabstufen muss, aber immerhin zu dem wertvollsten »Wegweiser, den wir besitzen, um uns in dem bunten Wirrwar der Ereignisse zurechtzufinden.« (Max Planck)

67 Jahre nach diesen Äußerungen Plancks setzt Thomas Görnitz mit seinem Buch »Quanten sind anders« zu einem umfassenden Verständnis der Quantenphysik an. Er macht deutlich, dass es nicht nur darum geht, einige in der physikalischen Forschung aufgetretene Irritationen, die durch das bisherige klassische System nicht erfasst werden können, durch erweiterte Konzepte mit einzubeziehen, sondern dass mit der Quantenphysik überhaupt eine neue Denkweise begonnen hat. Die klassische Physik sei ein Denken in Objekten, die quantentheoretische Denkweise ein Denken in Beziehungen.

Zuerst wurde die Quantentheorie bekanntlich in der Mikrophysik angewandt. Darum hält sich immer noch die Meinung, sie sei nur für den atomaren und subatomaren Bereich zuständig. Tatsächlich aber gilt sie universell, und es gibt keine Grenzen ihrer Gültigkeit. Man muss sie immer dann anwenden, wenn sehr genau gearbeitet werden muss. Das ist gerade deswegen zu betonen, weil sich durch den Begriff »Unschärfe« Vorstellungen von Ungenauigkeit einschleichen können. Trotzdem gilt, dass durch die Quantentheorie »ein Zug von ›Unbestimmtheit‹ und damit von Indeterminiertheit in die Naturwissenschaften eingebracht« wurde. Indeterminiertheit bedeutet dabei nicht etwa, dass der Forscher nicht über die hinreichenden Mittel und Möglichkeiten zur Voraussage verfügt, sondern die Quantentheorie erkennt die Indeterminiertheit als eine Eigenschaft der beschriebenen Wirklichkeit. Und darüber hinaus ist dies von besonderer Bedeutung: »Zur Quantentheorie gehört eine Zeitbeschreibung, die auf den Möglichkeitscharakter der Quantenprozesse verweist, die Bohr als ›individuelle Prozesse‹ bezeichnet hat. ›Divide‹ meint ›teile!‹ und ›individuell‹ ist unteilbar. Solange nichts geteilt wird, ist alles noch möglich und noch nichts ist tatsächlich passiert.« (Görnitz) Der ungeteilte Quantenzustand ist daher zeitlos. Darum kann man in ihm ein Modell für Ewigkeit sehen, einen außerzeitlichen Zustand reiner Potentialität.

II Verschiedene Begriffe von Ewigkeit

Unendlichkeit

Wenn wir über verschiedene Begriffe von Ewigkeit reden, so bedeutet es einerseits, dass Menschen unter Ewigkeit etwas Verschiedenes verstehen, und andererseits, dass offensichtlich einer der alternativen Begriffe nicht ausreicht, um Ewigkeit zu beschreiben.

Und wenn wir uns nun dem Wort »Unendlichkeit« zuwenden, so müssen wir zunächst feststellen, dass dieses Wort in sich, ohne es zu Ewigkeit in Beziehung zu setzen, verschiedenerlei Inhalte hat. So haben wir gesehen, dass in der Mathematik zwischen potentieller und aktualer Unendlichkeit zu unterscheiden ist. Von Unendlichkeiten im Plural kann man nur sprechen, wenn man mit Unendlichkeit als einer vollendeten Größe (aktualer Unendlichkeit) umgeht. Von der Antike bis hin zu Carl Friedrich Gauss (1777–1855), ja bis in die Gegenwart hinein halten das aber viele auch in der Mathematik nicht für statthaft. Würde man sich daran halten, so wäre das allerdings für die Mathematik heute eine unakzeptable Selbstbeschränkung.

Aber lassen wir das dahingestellt; sicher ist, dass es in der Mathematik nicht nur um gedankliche, menschliche Konstruktionen geht oder um Abstraktionen, sondern das Geheimnis von Unendlichkeit wird auch in der Mathematik angerührt. So hat es schon Nikolaus von Kues (vgl. S. 26) gesehen. Er meint, dass das mathematische Denken in besonderer Weise geeignet sei, sich der Unendlichkeit Gottes zu nähern. Dieses Sich-Nähern bleibt allerdings stets nur ein Sich-Nähern in asymptotischer Weise. Und immer geht es nur um »Mutmaßungen«. Alles Wissen bleibt, gemessen an Gottes Unendlichkeit, »docta ignorantia« (gelehrtes Nichtwissen). Aber dennoch kommen wir damit der Wirklichkeit näher. So schreibt Wolfhart Pannenberg (geb. 1928) über Nikolaus von Kues: »Immerhin läßt sich am Gleichnis der mathematischen Unendlichkeit zeigen, daß Unendlichkeit das Ineinsfallen aller Gegensätze bedeutet (coincidentia oppositorum). So fallen im Unendlichen Kreis und Quadrat, Kreis, Punkt und Linie, Kugelfläche und Mittelpunkt und überhaupt alle geometrischen Figuren zusammen. Dementsprechend können endliche Eigenschaften, die als endliche voneinander unterschieden und einander entgegengesetzt sind, so daß jede ihre Grenze an der anderen hat, nie den unendlichen Gott bezeichnen. Andererseits ist Gott, wie dieselbe Erwägung zeigt, die unendliche Einheit aller denkbaren Eigenschaften, ihre Zusammenfassung (complicatio), und umgekehrt ist aller Reichtum der geschaffenen Welt nur Entfaltung (explicatio) der Unendlichkeit Gottes.«

So sieht also Nikolaus von Kues Unendlichkeit als Entschränkung aller Räumlichkeit. Man kann aber Unendlichkeit auch als zeitliche Entschränkung denken. So finden wir es z.B. bei Paul Tillich (1886–1965). Er schreibt (Systematische Theologie I, 225ff): »Sein durch Nichtsein begrenzt ist Endlichkeit. Nichtsein erscheint als das ›Noch nicht‹ des Seins und als ›Nicht mehr‹ des Seins. Es steht gegenüber dem, das mit einem bestimmten Ende (finis) existiert. Das gilt für alles außer dem Sein-selbst – das kein ›Ding‹ ist.« – »Unendlichkeit ist Endlichkeit, die sich ohne eine von vornherein festliegende Grenze transzendiert.«

So sieht also Tillich Unendlichkeit in der existentiellen, menschlichen Zeitwahrnehmung aufscheinen. »Der Mensch muß nach dem Unendlichen fragen, von dem er entfremdet ist, obgleich es zu ihm gehört. Er muß fragen nach dem, was ihm Mut gibt, seine Angst auf sich zu nehmen.« (244) So ist »potentiell die Unendlichkeit mit der aktuellen Endlichkeit gegenwärtig.« (245)

Ein wenig klingt das so, als könne der Mensch von seinem eigenen Mut zur Unendlichkeit, der er entfremdet ist, leben. Und es klingt auch so, als würde die Ahnung von Unendlichkeit viel eher Mut wecken als ein Gefühl der Verlorenheit. Aber dann nimmt sich Tillich, ganz ähnlich wie Nikolaus von Kues in seiner docta ignorantia, auch wieder zurück und sagt: »Unendlichkeit ist ein Leitbegriff, kein konstitutiver.« (226) Er »begründet nicht die Existenz eines unendlichen Seins«, er ist »eine Forderung, kein Ding.« (227) »Das Sein-selbst steht jenseits von Endlichkeit und Unendlichkeit.« (280) Und dann spricht er aus, dass der Begriff der Unendlichkeit hineinreicht in das göttliche Leben, das ein »unendliches Mysterium« ist, »aber nicht unendliche Leere.« – »Das göttliche Leben ist unendlich, aber so, daß das Endliche in ihm jenseits von Potentialität und Aktualität gesetzt ist. Darum ist es ungenau, Gott mit dem Unendlichen zu identifizieren.« (296) Um von Gott hinsichtlich der Zeitlichkeit zu reden, haben wir den Begriff der Ewigkeit. »Die göttliche Ewigkeit enthält die Zeit.« (302) »Ewigkeit ist weder Zeitlosigkeit noch Endlosigkeit der Zeit.« Sie hat »die Kraft, alle Zeitmomente zu umgreifen.« (322) So ist also Ewigkeit »ein echt religiöses Wort. Es nimmt die Stelle einer Wortbildung wie Allzeitlichkeit, die in Analogie zu Allgegenwart und Allwissenheit gebildet wäre, ein.« (322)

Eine andere Anordnung der Begriffe »Unendlichkeit« und »Ewigkeit« finden wir bei dem Philosophen Colin McGinn (geb. 1950). Bei ihm steht »Ewigkeit«

nicht »über« unendlicher Zeit, sondern steht als Begriff für »Zeit ohne Anfang und Ende« neben dem Begriff »Unendlichkeit«, der sich auf die Grenzenlosigkeit des Raumes bezieht. Er sagt (in »Ewigkeit?« O. Reinke Hg. 94): »›Ewigkeit‹ meint ›unendliche Zeit‹. Also es eint Zeit ohne Ende, Zeit ohne Anfang. Und wir können solche Wörter sagen, natürlich. Wir können so etwas reden. Aber wir wissen nicht, was es ist.« Wir können »nicht verstehen, was Ewigkeit wirklich ist.« (95) Es bleibt für uns ein Geheimnis, das zu begreifen wir mit unseren begrenzten Fähigkeiten nicht in der Lage sind. Und daran hat sich auch durch riemannsche Räume und die Relativitätstheorien nichts geändert.

Zyklisches Weltbild

Dass die Welt ohne Grenzen und ohne Anfang und Ende ist, kann nicht nur als unerreichbare Ferne verstanden (bzw. nicht verstanden) werden, sondern auch als Kreisbewegung. Und das ist eigentlich nahe liegend. Denn wir kennen steten Wechsel in steter Wiederholung als Tag und Nacht und als den Kreislauf des Jahres. Beides prägt das Leben der Menschen. Und wird man älter, so erkennt man auch stete Wiederholung im Heranwachsen der Generationen. Was der junge Mensch mit Überraschung, Schmerz und Freude zum ersten Mal erlebt, ist dem Älteren längst geläufig: »Es gibt nichts Neues unter der Sonne.« – »Es ist alles schon da gewesen.« Und was jeder so in der Familie, in engster Umgebung erfährt, das überträgt er, wenn er nachdenklich und weitsichtig ist, auch gern auf größere gesellschaftliche Zusammenhänge. Denn so, wie die Wiederholung des Jahres von einem Kind anders erlebt wird als von einem erwachsenen oder alternden Menschen, so kann auch ein Volk oder eine Kultur eine Jugend und ein Alter haben, vielleicht auch nach Gesetzen, die sich stets wiederholen.

So entstehen zyklische Geschichtsmythen und - philosophien. Das beginnt nicht etwa erst mit dem ersten Geschichtsphilosophen Giambattista Vico (Neapel 1668–1744), das reicht zurück in vorgeschichtliche, mythische Zeiten. Da wurde erzählt vom goldenen Zeitalter, vom langsamen Verfall, vom Untergang und Neubeginn. Und auch als kosmisches Prinzip haben das schon früh weise Menschen erfasst und niedergeschrieben. In diese Richtung weisen z.B. einige Fragmente Heraklits (um 500 v. Chr. in Ephesos): »Gleich ist Anfang und Ende auf der Kreislinie.« (B103) Und von größeren Zyklen weiß er: »Aus 10800 Sonnenjahren besteht das große Jahr.« (A13) Nach Heraklit redet auch Plato in Zahlen von so großen Zeitzyklen. Aber noch einmal Heraklit: »Diese Weltordnung hier hat nicht der Götter noch der Menschen einer geschaffen, sondern sie war immer und ist und wird sein.« (B30/31)

Stephen Hawking (geb. 1942) sagt dazu (in »Eine kurze Geschichte der Zeit«): »Das Universum ist ein geschlossenes System. Es ist schlechthin das SEIN.« (Man ist versucht, bei dieser Großschreibung (»BE«) an die Offenbarung des Gottesnamens an Mose (2. Mose 3) zu denken, obgleich es dort gerade nicht um das ewige Sein des Universums, sondern um den Schöpfer geht) Und weiter nimmt Hawking an, die Singularität eines Anfangs bzw. Endes (big bang – big crunsh) könne sich auch wiederholen.

Existentiell am ergreifendsten hat die zyklisch in sich geschlossene Weltsicht aber wohl ihren Niederschlag in indischem Denken gefunden. Alle drei großen religiösen Ströme in Indien, der Hinduismus, der Buddhismus und der Jainismus, setzen für den Lauf der Welt eine unendliche Wiederholung voraus. Das gilt sowohl kosmisch als auch für das Leben der Menschen. Durch das Gesetz des Samsara sind sie eingespannt in die ständige Wiedergeburt, die Seelenwanderung. Und das Karma als Grundgesetz von Ursache und Wirkung regelt für die nächste Verkörperung der Seele die Vergeltung. Im Hinduismus glaubt man, dass auch die Götter diesem Samsara unterworfen sind. Das allein Bleibende in solchem Wandel und solcher Wiederholung ist das Selbst der Menschen und Götter. Und gerade weil das Selbst beständig ist, leidet es unter der nicht endenden Wiederholung. Und es sehnt sich nach der Vereinigung mit Brahman, der Weltseele.

Die Erlösungslehre des Buddhismus widerspricht ganz fundamental der hinduistischen Überzeugung, dass das Selbst des Menschen unvergänglich sei. Im Selbsterhaltungstrieb des Menschen liege gerade die Ursache allen Leidens. Und die Erlösung ist nur zu finden, wenn der Mensch erkennt, dass er nur eine vorübergehende Zusammenfügung verschiedener Elemente darstellt. Allein in der Auflösung und im Ersterben aller Begierde öffnet sich der Weg zur Erlösung, zum Erlöschen im Nirwana. So findet also im Hinduismus und im Buddhismus die Wiederholung im Brahman bzw. im Nirwana vielleicht doch ein Ende. Allein der Jainismus betrachtet die Welt als ewig, unendlich und ungeschaffen. Und auch die Seelen sind ewig. Sie können aber durch rechtes Leben und Er-

kennen den Zustand des Siddha in bleibender Harmo-
nie erlangen. So bedeutet also der Kreislauf Leiden;
und die Erlösung kann nur außerhalb dieses Kreisens
liegen.

Zeit- und Raumlosigkeit.
Sein und Nichts

Wann, wo und wodurch der Gedanke aufkam, dass es
getrennt von unserer zeitlichen und räumlichen Welt
ein unwandelbares, ewiges Sein gibt, ist vielleicht
nicht mehr mit Sicherheit festzustellen. Es scheint auf
bei Parmenides (540–470 v. Chr.). Aber dann im Denken Platons (427–347 v. Chr.) finden wir deutlich diese Vorstellung. Sie ist allerdings noch stark mythisch
eingerahmt. So lesen wir in seiner Schrift »Timaios«,
dass ein »Demiurg« nach dem unwandelbaren »Para-
digma« des zeitlosen Seins eine zeitliche, wandelbare,
zyklische Welt erschafft. Warum das geschieht und
wie es überhaupt möglich ist, dass aus der Unwandelbarkeit Veränderliches entsteht, bleibt für den Leser
allerdings dunkel. Nichtsdestoweniger ist von Platon
an die Vorstellung von einer zeitlosen Welt ewigen
Seins nicht mehr aus der Geistesgeschichte fortzuden-
ken. Zeitlos und unveränderlich wird sie gedacht. Die
Raumlosigkeit steht allerdings nicht zur Diskussion,
auch nicht die Frage, ob geistiges Sein Raum brauche,
oder ob man raumlose Vorstellungen haben könne.
Das Wort Vor-stellung spricht dagegen. Und die Tatsache, dass wir Raum ohne Zeit weder wahrnehmen
noch denken können, ist damals noch nicht ins Bewusstsein getreten. Ein viel bedachtes Problem aller-

dings war es von Platon an und im Neuplatonismus weiterwirkend, wie denn von Ewigem und Unwandelbarem zeitliche Wirkungen ausgehen können. Denn wenn »zu einer Zeit«, die es ja im Ewig-Unwandelbaren gar nicht gibt, vom Ewig-Unwandelbaren zeitliche Wirkungen ausgingen, so wäre es eben nicht mehr ewig unwandelbar. Im Neuplatonismus galt darum auch, dass unsere aus dem ewigen Sein hervorgegangene Welt ebenfalls ewig sei und die Hervorbringung ein ewiger Vorgang.

Solchen philosophischen Vorstellungen begegnete schon das Judentum in der letzten vorchristlichen Zeit und dann immer intensiver das Christentum. Für den hoch gebildeten geistigen und geistlichen Vater Augustins, den Mailänder Bischof Ambrosius (340–397) stellte der Neuplatonismus noch eine willkommene Bereicherung für das oft allzu simple biblizistische Christentum dar. Seine so geprägte allegorische Bibelauslegung ließ die Intelligenz seiner Stadt in Scharen zu seinen Predigten strömen. Aber das tief liegende Problem, wie denn Zeitliches aus Ewigem hervorgehen könne, packte erst sein Schüler Augustinus (354–430) an. Er tat es nicht wie einer, der Freude daran hat, schwierige Probleme zu lösen. Für ihn war es elementar lebensnotwendig.

Das Unbegreifliche war aber für ihn nicht zuerst die unwandelbare Ewigkeit, sondern die Zeit. Die unveränderliche Ewigkeit war ihm gewiss. Er schreibt darüber (Bekenntnisse VII,10): »Und ich ging hinein und schaute mit dem Auge meiner Seele, so schwach es auch noch war, über eben diesem Auge meiner Seele, über meinem Geist das ewig unveränderliche Licht, nicht dies alltägliche, das allem Fleisch sichtbar ist. Es war auch nicht von Art und Weise dieses Lichtes, nur größer etwa, als leuchte dieses viel, viel heller und überflute alles mit seiner Lichtfülle. Das war es nicht, sondern ein anderes, ein völlig anderes als alles dies. Es war auch nicht so über meinem Geist, wie Öl auf Wasser, noch wie der Himmel über der Erde, sondern höher, weil es selber mich geschaffen hat, und ich war tiefer, weil ich von ihm geschaffen. Wer die Wahrheit kennt, der kennt es, und wer es kennt, der kennt die Ewigkeit.« Und (Bek. IX,10) »es ist das Leben dort die Weisheit, durch die alles ist und war und sein wird, sie selber aber wird nicht, sondern ist so, wie sie ewig war und wie sie immer sein wird. Nein vielmehr: Gewesensein und Künftigsein ist nicht in ihr, nur reines Sein; denn sie ist ewig.« Aber die Zeit? (Bek. XI,14): »Was also ist die Zeit? Wenn niemand mich es fragt, so weiß ich es; will ich dem Fragenden es auseinandersetzen, weiß ich es nicht.« Und so ringt er darum, zu verstehen, was Zeit ist. Das Vergangene ist nicht mehr, und das Zukünftige ist noch nicht. So ist nur die Gegenwart. Und sie ist umgeben durch das Nichts des Vergangenen und des Zukünftigen. Dieser Begriff des gegenwärtigen Seins, das vom Nichts umschlossen ist, geht noch lange durch das philosophische Denken bis hin zu Sartres Werk »Das Sein und das Nichts«. »Das Gegenwärtige aber, wenn es immer gegenwärtig wäre und in Vergangenes nicht überginge, so wäre es schon nicht mehr Zeit, sondern Ewigkeit.« (Bek. XI,14)

Unter der Zerrissenheit durch die Zeit leidet Augustinus trotz allen gründlichen Nachdenkens (Bek. XI,29): »Nun aber schwinden in Stöhnen meine Jahre (Ps. 30,11), und du bist mein Trost, Herr, du mein ewiger Vater; ich aber bin zerteilt in den Zeiten, deren Ordnung ich nicht kenne, und in stürmischem Wirrwarr zerfleischen sich meine Gedanken, das tiefste Innere meiner Seele, bis ich gereinigt und geläutert im Feuer deiner Liebe in dir zusammenfließe.« Wie aber kann denn der ewige und unwandelbare Gott, der Augustins einziger Trost ist, eine vergängliche, vom Nichts bedrohte Welt durch sein Wort schaffen, ohne dadurch seine Unwandelbarkeit zu »verlieren«? Indem er nicht ein vergängliches Wort spricht, sondern ein ewiges. Ein ewiges Wort, das nicht beginnt und nicht endet, sondern Teil des ewigen Seins ist, schafft etwas Vergängliches, das aber im Ewigen enthalten ist. In seinem Werk über die Dreieinigkeit Gottes entfaltet Augustinus ausführlich, wie im dreieinigen Gott schon ewige, unveränderliche Beziehungen bestehen (opera ad intra). So könne auch das Schöpfungshandeln Gottes (opera ad extra) als ein ewiges Hervorgehen aus dem Ewigen begriffen werden, ohne dass die Schöpfung selber ewig wäre. Damit war die Lösung gegeben zu dem durch den Neuplatonismus aufgeworfenen Problem der Unvereinbarkeit von Ewigem und Zeitlichem.

Die Sehnsucht aber nach Gott als dem zeit- und raumlosen Unwandelbaren bleibt im Christentum – und nicht nur im Christentum – bestehen. In der Mystik hat sie besonders eindrucksvolle Gestalt angenommen. Ihr prominentester Vertreter ist sicher Meister Eckhart (ca. 1260–1328). Obgleich er ein gelehrter Professor der Theologie war, galt doch all sein Streben einer – wie Johannes Gerson (gest. 1429) sagte – »cognitio dei experimentalis«, einer erfahrenen oder »ausprobierten« Gotteserkenntnis: Je mehr der Mensch sich selbst »lässt« und dem »Einen« überlässt, um so mehr wird er frei von allem Leid, wird er frei vom Nichts. Denn alle Kreaturen sind ein reines

Nichts (»luter niht«). Gott ist über allem Sein und allem Seienden, dessen Ursache er ist. Gott ist über alle Bestimmungen erhaben. So sagt Meister Eckhart einmal am Ende einer Predigt (Deutsche Werke I,43,5f): »So wie er ein einfältiges Eins ist ohne alle Weise und Eigenheit, so ist er weder Vater noch Sohn noch Heiliger Geist … und ist doch ein Etwas, das weder dies noch das ist.«

Mit dieser weiselosen Gottheit über Gott eins zu werden, ist das Ziel der »unio mystica«, des mystischen Prozesses. Der Mystiker Johannes Tauler (1300–1361), ein Schüler Meister Eckharts und eventuell Dichter des Liedes »Es kommt ein Schiff geladen«, sagt auch, das geschaffene Nichts versinke im ungeschaffenen Nichts (nach Werner Elert »Der christliche Glaube« 1956,95).

Ewigkeit, Dauer und die Vorstellung von »Raum«

Hier geht es, mehr als in den vorigen Abschnitten von Teil II, zunächst um eine Begriffs- und Gedankenklärung. Wie kann »Dauer« etwas mit Ewigkeit zu tun haben? Meint Dauer nicht einfach einen Zeitabschnitt? So fragen wir etwa: »Wie lange wird deine Reise dauern?« oder wir sagen: »Es dauert schon so lange. Ich gebe die Hoffnung auf. Was mir versprochen wurde, tritt ja doch nicht ein.« Dann aber kann das Wort doch einen Anklang von Ewigkeit bekommen, wenn etwa zwei Völker oder Staaten lange miteinander Krieg geführt haben, dessen nun müde sind und miteinander vertraglich »dauernden« Frieden beschließen. Da bekommt Dauer den Klang von Unveränderlichkeit. Das deutsche Wort »dauern« hängt ja zusammen mit dem lateinischen »durare«, was eben mit »dauern«, aber eher mit »sich halten«, »austrocknen« und »härten« übersetzt werden kann; denn »durus« heißt »hart«. Der Klang all dieser Wörter ist lebensfeindlich. Darum kann es auch befremdlich wirken, wenn diese Wortgruppe mit Ewigkeit in Verbindung gebracht wird. Aber es geschieht. So etwa – vielleicht völlig unbeabsichtigt und unbewusst – in dem schönen Lied von Ernst Moritz Arndt (1769– 1860) »Ich weiß, woran ich glaube«. Da lautet die zweite Strophe:

Ich weiß, was ewig dauert,
Ich weiß, was nimmer lässt.
Mit Diamanten mauert
Mir's Gott im Herzen fest.
Ja, recht mit Edelsteinen
Von allerbester Art
Hat Gott, der Herr, den Seinen
Des Herzens Burg verwahrt.

Da sind Herz und Ewigkeit festgemauert, unbeweglich. Und so mineralisch, anorganisch geht es durch alle sechs Strophen. Nur in den letzten beiden Zeilen wird es plötzlich überraschend lebendig:

Ich weiß, was in dem Grauen
Des Todes ewig bleibt
Und selbst auf Erdenauen
Des Himmels Blumen treibt.
(EG 357)

Aber einen Konflikt scheint es wirklich zu geben zwischen Dauer und Leben, zwischen Anorganischem und Organischem. Der Neurobiologe Georg W. Kreutzberg (geb. 1932) schreibt (in »Ewigkeit?« Hg. O. Reinke, 2004, 40): »Für die Biologie ist alles Leben auch Vergänglichkeit, ein ewiges Leben daher ein Oxymoron, d. h. ein Widerspruch in sich selbst.« Für das Leben ist das Sterben notwendig. Trotzdem lehnt sich das Leben dagegen auf und will dauernden Bestand haben. Aber Leben ist nicht nur gepaart mit dem Tod möglich, sondern bedeutet auch steten Wandel, der nicht etwa stete Wiederholung ist. Dauernde Wiederholung ist schlimmer als der Tod.

Trotzdem ist der Begriff »Dauer« in die metaphysische und theologische Beschreibung von Ewigkeit und »ewigem Leben« eingegangen. Boethius (480–524), geistiger Ratgeber am Hofe Theoderich des Großen, der dann aber von seinem argwöhnischen König hingerichtet wurde, dieser Boethius hat in seinen »Tröstungen der Philosophie« eine Definition von Ewigkeit zu Papier gebracht, die seitdem durch die Theologie geistert und noch heute ständig wiederholt wird: »Die Ewigkeit also ist der vollständige und vollendete Besitz unbegrenzten Lebens.« (Aeternitas igitur est interminabilis vitae simul perfecta possessio). Ich sehe vor mir einen riesigen Raum, in dem auf Filmstreifen oder auf digitalen Trägern alles Leben gespeichert ist. Der Besitzer besitzt das alles. Aber es lebt nicht mehr, denn Leben ist Veränderung und Vergänglichkeit. Das kommt davon, wenn man die gelierende Zeitform der »Dauer« in den Ewigkeitsbegriff einfügt, wie es Boethius – anders als Augustinus – getan hat.

In neuester Zeit gibt es für diesen mit Dauer verknüpften Ewigkeitsbegriff noch einen letzten Rettungsversuch, der das Werden in die Ewigkeit hinüberretten will. Jürgen Moltmann (geb. 1926) hat ihn so formuliert (Das Kommen Gottes, 1995, 42): »Es ist ein Werden ohne Vergehen, ein Werden zum bleibenden Sein in der kommenden Gegenwart Gottes.« Man könnte dieses Werden ohne Vergehen als eine kumulative Zeitvorstellung bezeichnen. Unreflektiert bleibt dabei allerdings, wie es sich mit dem Raum all dieser Zeitkonserven verhält. Denn ohne Raum gibt es keine Zeit, und ohne Zeit keinen Raum. Bei der neuropsychischen Entstehung unserer Raum- und Zeitvorstellungen (vgl. S. 21) ist es ja von größter Bedeutung, dass die Gleichzeitigkeitswahrnehmung eine sowohl zeitliche als auch räumliche Zusammenordnung darstellt.

Ein Letztes zu diesem Thema: Eine höchst bemerkenswerte In-Beziehung-Setzung der neuropsychischen Erforschung unserer Wahrnehmungskonstruktion und des theologischen Begriffs der Dauer bezüglich der Ewigkeit findet sich bei Wolfhart Pannenberg (Systematische Theologie Bd. 2, 1991, 112f). Er schreibt: »Das Erlebnis der Dauer ist die umfassendste und komplexeste Gestalt zeitübergreifender Gegenwart.« Damit bezieht er sich auf das von Ernst Pöppel herausgefundene »Gegenwartsfenster« von ca. drei Sekunden. Diese »ausgedehnte« Gegenwart überträgt er nun in einer unendlichen Erweiterung auf die ungeteilte Gegenwart des Lebens in seiner Ganzheit in Gottes Ewigkeit. An anderer Stelle bezieht er in diesen gedanklichen Vorgang auch die für das Personsein nötige bleibende Identität und das Gedächtnis ein – zweifellos eine interessante Metaphorik, die helfen soll, den theologischen Begriff der Dauer akzeptabel zu machen. Aber es bleibt eben ein metaphorischer und vielleicht hilfreicher, aber kein schlüssiger Gedankengang.

Einheit von Möglichkeit und Wirklichkeit

Der Abschnitt »Quantentheorie als Zugang zum Begriff ›Ewigkeit‹« (S. 36) schloss mit den Worten: »Der ungeteilte Quantenzustand ist daher zeitlos. Darum kann man in ihm ein Modell für Ewigkeit sehen, einen außerzeitlichen Zustand reiner Potentialität.« Potentialität, Möglichkeit, das ist ein Begriff, der im Rahmen heutiger Philosophie seinen Platz in der sprachanalytischen Logik hat. Es geht darum, ob eine Aussage möglicherweise wahr ist. Wenn wir aber die Anwendung des Begriffs der Möglichkeit in der Quantenphysik denken, dann müssen wir doch wieder auf die alte philosophische Tradition zurückgreifen, die sich an Aristoteles (384–322 v. Chr.) anschließt. Für Aristoteles bedeutet »Möglichkeit« das Vermögen, etwas zu werden. Wir würden sagen, es sei eine Vorstufe zur Wirklichkeit. Nur dass nicht alles, was möglich ist, auch wirklich wird. Der Begriff »Wirklichkeit« aber kam erst später durch Meister Eckhart auf. Er steht für »actualitas«, für das Ins-Dasein-Treten.

Wenn man nun also den ungeteilten Quantenzustand als Modell für Ewigkeit ansieht, so bedeutet es nicht allein, Ewigkeit sei außerzeitlich, zeitlos, weil der ungeteilte Quantenzustand zeitlos ist. Und es bedeutet auch nicht allein, dass Ewigkeit mit Möglichkeit gleichzusetzen sei. Es bedeutet, dass Ewigkeit eine außerzeitliche, begründete Ermöglichung von raumzeitlicher Wirklichkeit ist. Aber mir scheint, dass dennoch ein Unterschied zwischen dem ungeteilten Quantenzustand und jedem Begriff von Ewigkeit bleibt: Während bei dem Übergang eines ungeteilten Quantenzustandes in ein Faktum die nicht realisierten Möglichkeiten als solche entschwinden, kann ich mir keinen Begriff von Ewigkeit vorstellen, auf den das zuträfe. Wodurch aber bei gleicherweise realisierbaren Möglichkeiten die Entscheidung für eben die eine ausgewählte Realisierung fällt, während die unrealisierten Möglichkeiten als solche bestehen bleiben, das bleibt dunkel. Das heißt, es gibt dafür keine Notwendigkeit. Spekulativen Vorstellungen öffnen sich hier Tor und Tür, etwa so, dass man an parallele, alternative Realisierungen, an parallele Welten denkt. Aber dafür fehlt jegliche Grundlage. Anders ist es allerdings, wenn der Begriff Ewigkeit nicht für sich stehen bleibt, sondern unauflöslich mit Gott verbunden wird. So finden wir es bei Gottfried Wilhelm Leibniz (1646–1716). Er sieht den Grund für die Realisierung unserer Welt darin, dass sie die beste aller möglichen, aller denkbaren Welten ist. Und das ist eben der Wille, die Entscheidung Gottes, nur das Beste zu tun. Hier geht der Glaube dem forschenden Denken voraus. Wir werden später über diese Zusammenhänge weiter zu reden haben.

Aber kehren wir zu der Überschrift dieses Abschnittes zurück: Einheit von Möglichkeit und Wirklichkeit. Gibt es diese Einheit überhaupt? Auch der ungeteilte Quantenzustand ist nicht die Einheit von Möglichkeit und Wirklichkeit, sondern er ist die zeitlose Voraussetzung für Fakten. Eine Einheit von Möglichkeit und

Wirklichkeit ist nach den Regeln unseres Denkens ein Un-Sinn. Möglichkeit und Wirklichkeit sind Alternativen. Schon bei Aristoteles aber findet sich der Gedanke, dass das Sein selbst, also etwa auch das Sein von Möglichkeit, eine Einheit von Wirklichkeit und Möglichkeit darstellt. Es ist »actus purus«, das lautere Sein, Wirken, Leben und Erkennen. Unter diesem Begriff fasst Aristoteles Gott (Metaphysik 12,7). Thomas von Aquino (1225–1274) hat in seiner Theologie darauf zurückgegriffen.

Was für eine Art von Denken haben wir da vor uns? Ist es etwa so, dass Menschen sich ein Bild von Gott machen, welches sie dann untersuchen und analysieren? Wir sollten es umgekehrt sehen: Menschen hören das Reden von Gott, stellen es in Frage und kommen dann zu dem Schluss: Wenn das Reden von Gott für mich einen Sinn haben soll, dann könnte damit nur dieses und jenes gemeint sein, also z. B. »actus purus«. Denn ein Gott, der erst einen möglichen Plan entwirft, der danach realisiert wird oder auch nicht, kann nicht Gott sein. »Gott« kann nur bedeuten: Möglichkeit und Wirklichkeit sind eins, oder noch anthropomorpher gesprochen: Wort und Tat fallen ineinander, Gedanke und Wirklichkeit sind eins.

III Über die Beziehung zwischen Raum/Zeit und Ewigkeit

Abstraktes und Konkretes.
Idee und Wirklichkeit. »Universalien«

Was bedeutet »abstrakt«, und welchen Grund gibt es dafür, unter dem Oberthema »Ewigkeit« danach zu fragen? Das Wort »abstrakt« ist abgeleitet vom lateinischen Verb »abstrahere«, das heißt »wegziehen«, »abziehen«. Boethius hat dieses lateinische Wort zuerst gebraucht als Übersetzung des entsprechenden griechischen Wortes. Aristoteles bezeichnete damit etwas, das ohne physische Merkmale existiert, so vor allem Mathematisches. Der innere Vorgang des Abstrahierens ist also ein Wegnehmen alles Konkreten. Und was dann noch übrig bleibt, das ist das Abstrakte. Das sind vor allem Zahlen. Ist also alles Physische, alles Konkrete weggenommen, so ist damit auch die Räumlichkeit und die Zeitlichkeit, und das heißt die Vergänglichkeit, weggenommen. So bleibt also nur Ewiges. Paulus drückt das vereinfacht einmal so aus (und dabei wird das physische Verknüpft-Sein kurz »sichtbar« genannt): »Was sichtbar ist, das ist zeitlich; was aber unsichtbar ist, das ist ewig.« (2. Korinther 4,18)

Im platonischen Denken wird derselbe Beziehungskomplex von der anderen Seite her betrachtet. Ausgangspunkt sind die abstrakten Wesenheiten, die Ideen. Aus ihnen geht die physikalische Welt hervor. Die abstrakten Wesenheiten liegen also der konkreten Welt zugrunde.

Diese Anschauung vertritt z. B. der Mathematiker Roger Penrose. Er sagt aber: »Manch einer tut sich schwer damit, diese Welt als eigenständig existent zu erachten, und zieht es vor, mathematische Konzepte lediglich als Idealisierungen unserer physikalischen Welt aufzufassen; von diesem Standpunkt aus betrachtet würde die mathematische Welt aus der Welt der physikalischen Objekte durch Emergenz hervorgehen.« (Das Große, das Kleine und der menschliche Geist, 2002, S. 18)

Als Platoniker bezeichnet sich auch der Philosoph Colin McGinn. Im Unterschied zu Penrose sieht er aber noch ein für uns unlösbares Problem: Wie kann das Wissen des Menschen, des Mathematikers von der abstrakten Welt erklärt werden? Er »lernt über diese abstrakte Welt, er entdeckt Theoreme, er macht Entdeckungen dazu. Sein Verstand muss im Kontakt mit dieser Welt sein, die außerhalb von Raum und Zeit ist. Wie geschieht das? Wie bringt der menschliche Verstand, das menschliche Gehirn diesen Kontakt zustande? Ganz sicher kann es keine kausale Verbindung sein, keine Kausalität, die die Zahlen mit ihnen verbindet. Zahlen können nämlich gar nichts verursachen. Sie sind abstrakt. Sie haben keinerlei kausale Kraft. Und trotzdem geschieht dieser Kontakt.« (Ewigkeit? Hg. O. Reinke, S. 84) McGinn bezeichnet das als ein Geheimnis. Nicht die Existenz der abstrakten Wesenheiten bezeichnet er als ein Geheimnis, sondern eben die Art und Weise des Kontaktes zwischen den abstrakten Wesenheiten und den Menschen.

Die hier aufgezeigte Problematik, ob die Allgemeinbegriffe, die Universalbegriffe (lat.: universalia) aber überhaupt eine selbständige Existenz haben oder ob sie nur als »Namen« (lat.: nomina) in Verbindung mit den konkreten Wesen von Menschen gebildet werden, das ist ein langer mittelalterlicher Streit, der Universalienstreit. Die »Realisten«, die da sagen, die Ideen hätten eine selbständige Realität, standen gegen die »Nominalisten«, welche in den Allgemeinbegriffen nichts anderes sahen als bloße von Menschen gegebene »Namen«. Dieser Streit ist jedoch so elementar und so unentschieden, dass er auch heute noch lebendig ist.

Unveränderlichkeit und Wandel. Schöpfer und Schöpfung

Eben haben wir gesehen, dass es ein unlösbares Problem, ein Geheimnis ist, wie denn ein Mensch den Kontakt zu den ewigen, unwandelbaren, abstrakten, mathematischen Wesenheiten, wie etwa Zahlen, herstellen kann. Tatsache ist, dass dieser Kontakt besteht. Und wenn etwa Colin McGinn sagt, dass diese Kenntnisse a priori, also Kenntnisse außerhalb jeder Wahrnehmung seien, so weiß er selber, dass damit im Grunde gar nichts gesagt ist. Denn niemand kann sagen, woher diese A-priori-Kenntnisse kommen. So bleibt das Geheimnis als solches bestehen. Noch geheimnisvoller aber ist es, wie denn aus dem Abstrakten, Unwandelbaren Veränderliches hervorgehen kann. Und wie geschieht es, dass das Wandelbare, Hervorgegangene durch das Unwandelbare dirigiert wird. Roger Penrose fragt (Das Große, das Kleine… 124): »Woran liegt es, daß die physikalische Welt den mathematischen Gesetzen mit einer solch ungewöhnlichen Präzision zu gehorchen scheint? … Ich betrachte diese Beziehung als ein tiefes Geheimnis.« Diesem tiefen Geheimnis vorgelagert aber liegt das noch fundamentalere Geheimnis, wie denn das Abstrakte und Unwandelbare überhaupt etwas, und dazu noch Wandelbares und Vergängliches hervorbringen kann, da doch dem Unwandelbaren keine Kausalität eigen sein kann. Denn Kausalität bedeutet Veränderung.

Platonismus und Neuplatonismus haben keine Antwort darauf gegeben. Bei Aristoteles blieb das Problem verdeckt. Augustinus aber stellt sich dieser Frage; denn er erkannte, dass es hier um den Lebensnerv christlichen Glaubens geht. Zwanzig Jahre lang arbeitete er darum an seinem Werk »De Trinitate«. Er legt darin dar, dass die Lehre von der Dreieinigkeit Gottes nicht etwa eine beliebige religiöse Vorstellung oder mythische Erfindung ist. Vielmehr wird mit ihr dargestellt, dass die Hervorbringungen Gottes und seine Unwandelbarkeit keinen Widerspruch darstellen. Die drei Personen Gottes sind ja nicht etwa nur unterschiedliche Arten und Weisen der Zuwendung Gottes zu seiner Schöpfung, sondern es sind ewige, stets lebendige Beziehungen innerhalb der Gottheit selbst (opera ad intra). Und diese ewigen innergöttlichen Beziehungen schließen auch ewig das Schöpfersein ein, das Hervorbringen von Vergänglichem, das doch vom Ewigen umfangen ist (opera ad extra). Manche haben diese Lehre von der Dreieinigkeit Gottes als eine der größten Leistungen menschlichen Geistes bezeichnet. Aber es ist mehr als das. Es ist der Versuch, gedanklich wiederzugeben, was sich im christlichen Glauben vollzieht und worauf dieser sich richtet.

Ewiges Sein

Und noch einmal stellen wir die Frage, wie eigentlich Menschen darauf kommen, dass es ein ewiges Sein gibt, von dem das vergängliche Sein abhängig ist. Die Antworten darauf haben verschiedene Ursprünge, forschende und logische einerseits und existentielle andererseits. Dabei würde es kaum schwer fallen, nachzuweisen, dass auch das forschende und logische Denken einen existentiellen Ursprung hat. Wie das forschende und logische Denken das ewige Sein nicht nur vermutet, sondern erkennt, das haben wir gerade in dem Zitat von Roger Penrose gesehen: Es gibt abstrakte und damit ewige Gesetze, die die physikalische Welt dirigieren. Das gilt auch dann, wenn man den Begriff einer »platonischen Welt« ablehnt.

Einen anderen Zugang findet das idealistische Denken, insbesondere das Georg W. F. Hegels (1770–1831). Der Ausgangspunkt ist, dass das absolute, ewige Sein das Reich der Wahrheit ist, wie sie ohne Hülle an und für sich selbst besteht. Es ist Gott, »wie er in seinem ewigen Wesen vor der Erschaffung der Natur und eines endlichen Geistes ist. – Anaxagoras wird als derjenige gepriesen, der zuerst den Gedanken ausgesprochen habe, daß der Nus, der Gedanke, das Prinzip der Welt, daß das Wesen der Welt als der Gedanke zu bestimmen ist.« (Hegel, Wissenschaft der Logik, 5,36). »Dieses reine Sein ist nun die reine Abstraktion, damit das Absolut-Negative, welches, gleichfalls unmittelbar genommen, das Nichts ist. … Das Nichts ist also dieses unmittelbare, sich selbst gleiche, ebenso umgekehrt dasselbe, was das Sein ist. Die Wahrheit des Seins sowie des Nichts ist daher die Einheit beider; diese Einheit ist das Werden.« (Hegel, Enzyklopädie der philosophischen Wissenschaften, 8,182ff). Das Sein im Werden, das ist das große Thema des hegelschen Denkens. Nur so kann Hegel das ewige Sein begreifen. Und er hat damit auf sehr unterschiedliche Weise einen großen Einfluss ausgeübt. Aber zugleich ist seine Sicht auch vehement als spekulativ und subjektiv abgelehnt worden. Und es kann dabei auch der Gedanke aufkommen, dass Hegel die ganze Welt so sieht, wie Augustinus Gott in sich, abgesehen von der Schöpfung, in seinen inneren Beziehungen der »opera ad intra« sah.

Angesichts dieser geschichtsprägenden Sicht Hegels kann einem die scholastische Philosophie und Theologie im Hinblick auf das ewige Sein geradezu als nüchtern erscheinen. Die Nüchternheit besteht darin, dass man hier existentiell von dem Glauben an den Schöpfer der Welt ausgeht. Er ist das Sein aus sich selbst (ens a se), während alle Kreatur nicht aus sich selbst ist. Duns Scotus (1266–1308) prägte dafür den Begriff der Aseitas Gottes. So stehen sich das Sein aus sich selbst und das Sein nicht aus sich selbst konträr gegenüber. Und dennoch sind sie im Begriff des Seins miteinander verbunden. Es gibt also eine Analogie des Seins (analogia entis). Das wurde im 4. Laterankonzil 1215 ausdrücklich ausgesprochen. Und Thomas von Aquino hat es in seiner »Summa theologiae« (qu.4, act.3) behandelt: Alles Geschaffene ist Gott, als dem vollkommensten Sein, darin ähnlich, dass es ist, zugleich aber vollkommen unähnlich, weil er wohl Ursache des Seins aber sonst über allem Sein ist. Diese Transzendenz Gottes hat zur Folge, dass alle inhaltlichen Aussagen über das Wesen Gottes, weil es eben

Aussagen des Geschöpfes sind, Gott unähnlich sind –
wie das Geschöpf selbst Gott unähnlich ist.

Man kann diese Unähnlichkeit zwischen Schöpfer
und Schöpfung nun allerdings auch auf den Begriff
»Sein« beziehen und sagen, es sei unangemessen, von
Gott als dem vollkommenen, ewigen Sein zu sprechen. Das hat zum Beispiel Karl Barth (1886–1968)
getan. Er sagt, es gäbe keine analogia entis zwischen
Schöpfer und Schöpfung. Gott sei vielmehr »totaliter
aliter«, total anders. Darum sei der Mensch außerstan-
de, wirklich von Gott zu reden. Darum bleibe der
Mensch auch in allem religiösen Reden bei sich
selbst. Alles christliche Reden komme aus dem Hören, weil Gott gesprochen hat. Hier stehen wir wieder
vor dem Zirkel, dem wir schon früher begegnet sind
(vgl. S. 24): Einerseits gilt, dass Gott nur mit der
Sprache zu uns reden kann, die wir verstehen. Andererseits gilt das Wort Jesu (Lukas 21,15): »Ich will
euch Mund und Weisheit geben.«

IV Begegnung mit der Ewigkeit

Buddhismus

Nach buddhistischer Lehre ist das menschliche Dasein voller Leiden. Die vier »edlen Wahrheiten« lauten:

Alles, was es in diesem irdischen Leben gibt, ist Leiden.
Die Ursache des Leidens ist die Begierde.
Das Leiden kann aufhören, wenn die Begierde aufhört.
Die Begierde kann durch die Beachtung des achtfachen Weges ausgelöscht werden.

Die Begierde hat ihren Ursprung im Selbsterhaltungstrieb des Selbst. Dabei ist dieses doch vergänglich, zusammengefügt aus vergänglichen Elementen. Das vergebliche Ewigkeitsstreben ist letztlich die Ursache des Leidens. Erlösung liegt allein im Erlöschen (Nirwana) aller Begierden. Dieses Nirwana wird aber erstaunlicherweise auch als eine Wirklichkeit beschrieben, die ohne Zeit und unfassbar ist. Darin kann man vielleicht eine Nähe zum Begriff der Ewigkeit sehen. Aber seien wir lieber zurückhaltend gegenüber allzu schnellen Gleichungen. Hilfreicher ist es, auf buddhistische Stimmen zu hören.

So schreibt der Zen-Buddhist Thich Nhat Hanh (geb. 1926 in Vietnam) in »Schlüssel zum Zen« (S. 83):

»Wahrer Geist wird nicht im Augenblick des Erwachens geboren, denn er ist unerschaffbar und unzerstörbar. Das Erwachen bringt ihn nur ans Licht. Das Gleiche gilt für das Nirwana und die Buddhata. Die Mahaparinirvanasutra sagt: Substanz und Ursache des

Nirwana ist die Natur des Erwachens-Buddhata. Buddhata bringt nicht das Nirwana hervor. Daher sprechen wir vom ›unverursachten‹ oder ›unerschaffenen Nirwana‹ … Die Natur des Erwachens ist bei allen Lebewesen die gleiche. Obwohl die Lebewesen kommen und gehen und Verwandlungen durchmachen, existieren sie ständig in der Natur des Erwachens.«

Hier ist es wahrer, unerschaffbarer, unzerstörbarer Geist, der im Erwachen wirkt und ewig zu sein scheint. Wiederum dürfen wir diesen Geist aber nicht als ein objektivierbares Etwas betrachten. Und nun folgen wir Daisetz Teitaro Suzuki (1870–1966) in seiner Darstellung der buddhistischen Hua-Yen-Philosophie. Er schreibt (Wesen und Sinn des Buddhismus S. 20):

»Wir halten diese Welt für Wirklichkeit. Aber sie ist Illusion, geschaffen vom Verstand, wie unvermeidlich der Vorgang auch gewesen sein mag, denn es besteht keine Möglichkeit für uns, dieser Intellektualisierung zu entgehen. Nichtsdestoweniger ist sie eine Illusion, weil sie nicht wahrhaft das Eine, so wie es an sich ist, repräsentiert. Das alles kann auch auf folgende Weise ausgedrückt werden: Was wir wahrhaft und wirklich haben, ist eine geistige Welt, das heißt, das Eine, unterschiedslos, unbestimmt, nicht unterschieden, undifferenziert. Aber unser menschliches Bewußtsein ist so beschaffen, daß es in diesem Zustand der Einheit, der Gleichheit (Identität) nicht zu bleiben vermag und wir beginnen, über ihn nachzudenken, um uns seiner bewußt zu werden, ihn klar zu definieren, ihn zum Gegenstand unseres Besinnens zu machen, ihn zu zergliedern, sodaß die Energie, die seit Ewigkeit in Schweigen und Inaktivität verschlossen war, sich zu

Lauten wandelt und sich in der Dynamik menschlicher Aktivität manifestiert. Das Eine, soweit wir es zu begreifen vermögen, hat aufgehört, unbestimmt, ungeschieden, undifferenziert zu sein. Das Ergebnis ist eine Welt unendlicher Vielfalt und Zusammengesetztheit.«

Und so geht es für uns darum, die Einheit wieder herzustellen durch ein unmittelbares Verstehen, das über alles menschliche Begreifen weit hinausgeht. »Um dieses Undenkbare zu denken, das Geheimnis des Seins zu erschließen, dem Gefängnis der Ratio zu entfliehen, jenseits des Bereiches der Gegensätze zu gelangen und sich zur höchsten Schau zu erheben, muß man den Blick für das Zeitlose in der Zeit gewinnen und für das Raumlose im Raum.« Ist das Ewigkeit? Ist das Begegnung im Nicht-mehr-Begegnen des Sich-Verlierens?

Griechisches Denken und Christentum

Auf dem Boden von Skepsis und Leiden ist der Buddhismus erwachsen. Mit Skepsis begegnet der Buddhist besonders auch dem vernünftigen Denken: Es zergliedere und objektiviere die Welt und mache sie zu einer großen Illusion. Der Weg der Erlösung dagegen ist ein irrationaler, überrationaler. Ganz anders ist die Bewertung der Vernunft im erwachenden philosophischen Denken der Griechen. Es unterscheidet sich stark von allem philosophischen und religiösen Denken im mediterranen und östlichen Raum um 500 vor Christus. Während fast überall die etablierten Religionen durch ihre Priesterschaft einen starken gesellschaftlichen und kulturellen Einfluss auf die Völker ausübten, hatten unter den Griechen in Griechenland, Kleinasien und Süditalien die Priesterinnen und Priester kaum einen über die kultischen Handlungen hinausgehenden Einfluss. Vielleicht hing es unter anderem auch damit zusammen, dass bei den Griechen früher als unter anderen Völkerschaften die »Entdeckung des Geistes«, des selbst verantwortlichen Denkens geschah. Die Menschen erlebten die Tragfähigkeit der Vernunft. Nur dem Missbrauch der Vernunft galt stets die Kritik. Der wahren Vernunft aber traute man zu, selbst über das Woher und Wohin unserer Welt wahre Aussagen machen zu können.

Sehr vorsichtig drückt das Alkmaion aus Kroton in Süditalien (571–497 v. Chr.) aus: »Der Mensch unterscheidet sich von den übrigen Geschöpfen dadurch, dass er allein begreift, während die übrigen zwar wahrnehmen, aber nicht begreifen.« (Herman Diels, Fragment 1a). Das steht jedoch unter einer Einschränkung: »Über das Unsichtbare wie über das Irdische haben Gewissheit die Götter, uns aber als Menschen ist nur das Erschließen gestattet.« (F.1) Dennoch hat das Denken Verbindlichkeit, indem es die Menschen verbindet. Dazu Heraklit (um 500 v. Chr. in Ephesos): »Gemeinsam ist allen das Denken.« (F.113) Und: »Die Wachenden haben eine einzige gemeinsame Welt, doch im Schlummer wendet sich jeder von dieser ab in seine eigene.« (F.89) So hat die Seele als Ort der Vernunft eine große Reichweite: »Der Seele Grenzen kannst du im Gehen nicht ausfindig machen, und ob du gleich jegliche Straße abschreitest; so tiefen Sinn hat sie.« (F.45)

Und noch einen wesentlichen Schritt weiter wagt sich Parmenides aus Elea in Süditalien (geb. ca. 540 v.

71

Chr.) vor, indem er sagt: »Dasselbe ist Denken und Sein.« (F.3) »Schaue jedoch mit dem Geist, wie durch den Geist das Abwesende anwesend ist mit Sicherheit; denn er wird das Seiende von seinem Zusammenhang mit dem Seienden nicht abtrennen.« (F.4) Und: »Nötig ist zu sagen und zu denken, dass nur das Seiende ist; denn Sein ist, ein Nichts dagegen ist nicht; das heiße ich dich wohl beherzigen.« (F.6) Solche positive Einschätzung der Vernunft liegt schon den ältesten Sätzen der abendländischen Philosophie zugrunde. Sie stammen von Anaximander aus Milet in Kleinasien (geb. ca. 610 v. Chr.): »Anfang und Ursprung der seienden Dinge ist das Apeiron (das grenzenlos Unbestimmbare). Woraus aber das Werden ist den seienden Dingen, in das hinein geschieht auch ihr Vergehen …« (F.1) »Das Apeiron ist ohne Alter.« (F.2)

Hier hat die Vernunft die Ewigkeit berührt. Zwar folgte später bis in die Zeit Platons hinein mit den Sophisten eine Phase der Skepsis gegenüber dem Wert der Vernunft, aber durch Aristoteles entstand dann das große philosophische System über Physik, Ethik und Metaphysik, das noch über 1500 Jahre später in der christlichen Philosophie und Theologie einen tragenden Grund hergab. Sogar der Apostel Paulus, der doch die Bedeutung der Vernunft sehr einschränkt, weiß, dass die Menschen in der Lage sind, Gottes ewige Kraft und Gottheit aus der Schöpfung zu erkennen, wenn sie nur nicht in ihren Gedanken dem Nichtigen verfallen (Römer 1,20f).

Offenbarung (Karl Barth)

Begegnung mit der Ewigkeit? Ja, durch Offenbarung sollte das wohl möglich sein. Denn Offenbarung bedeutet doch, dass etwas Verborgenes offensichtlich wird. Das sagen das griechische Wort »Apokalypsis« und das lateinische »Revelatio«. Aber wie kann denn Ewigkeit etwas Verborgenes sein? Haben wir nicht gesehen (II), dass es vielleicht eher um Entscheidungen zwischen verschiedenen Definitionen und Auffassungen geht? III zeigte dann allerdings unausweichlich, dass eine enge Verbindung zwischen Ewigkeit und Gott besteht. Darum sollte uns eine Enthüllung, eine Offenbarung durch das Verborgene selbst in der Tat zu einer klareren Erkenntnis verhelfen können.

Die Bibel ist ja voll von Offenbarungen: Abraham und die Propheten hören Gott, Jakob und Josef haben offenbarende Träume, viele Propheten schauen Himmlisches und Zukünftiges. Paulus wird durch die Begegnung mit dem auferstandenen Jesus zum Christen und wird durch Offenbarungsweisungen geführt (Galater 2,2). Und auch er sieht himmlische Bilder und fühlt sich dabei entrückt (2. Korinther 12,1ff). Jesus selbst offenbart sich seinen Jüngern auf dem Berg der Verklärung als der nicht nur Irdische (Markus 9). Und die Bibel schließt mit dem Buch der Offenbarung. Aber vor allem: Der Ursprung des Christentums, das Wahrnehmen des auferstandenen Herrn, ist das nicht die Offenbarung schlechthin?

Nur, gerade solchen Offenbarungen gilt die Skepsis so vieler Menschen. Entweder werden derartige Geschichten als Dichtungen beiseite geschoben, oder sie werden durch psychologische Deutung relativiert.

Und dennoch: Was bleibt denn vom Christentum ohne »Offenbarung«? Sicher, einiges. Aber besonders Karl Barth (1886–1968) hat in seiner Theologie eindringlich betont, dass gerade in der Offenbarung und nur in der Offenbarung die alleinige Quelle und Kraft des christlichen Glaubens liege. Allerdings denkt Barth dabei nicht so sehr an die visionären Ereignisse als vielmehr an das Wort Gottes, das uns trifft und das uns begegnet in Jesus Christus. Er schreibt (Einführung in die ev. Theologie, 2. Aufl. 1963, 26f): »Das Wort Gottes ist das Wort, das Gott, mitten unter den Menschen und (ob vernommen oder nicht vernommen) an alle Menschen gerichtet, gesprochen hat, spricht und sprechen wird. Es ist das Wort seines Tuns an den Menschen, für die Menschen, mit den Menschen. Eben sein Tun ist ja kein stummes, sondern ein als solches sprechendes Tun. Indem nur er tun kann, was er tut, kann auch nur er in seinem Tun sagen, was er sagt. Und indem sein Tun – in der Vielheit seiner Gestalt von seinem Ursprung her seinem Ziel entgegen – nicht zwiespältig, sondern eines ist, ist auch sein Wort in seinem ganzen aufregenden Reichtum einfältig, eines: nicht vieldeutig, sondern eindeutig, nicht dunkel, sondern klar und also dem Weisesten wie dem Törichtesten an sich sehr wohl verständlich. Gott wirkt, und indem er wirkt, redet er auch. Sein Wort ergeht. Und es kann wohl de facto, aber nie und nirgends de jure überhört werden. Wir reden von dem Gott des Evangeliums, von seinem Tun und Wirken – und vom Evangelium, in welchem sein Tun und Wirken als solches seine Sprache, eben – sein Wort ist: der Logos, in welchem die theologische Logia, Logik, Logistik ihren schöpferischen Grund und ihr Leben hat.« Und weiter (S. 100): »Der Gott des Evangeliums in seinem Werk und Wort verhält sich zu seiner Erkenntnis, wie sich eben Gott zum Menschen, der Schöpfer zu seinem Geschöpf, der Herr zu seinem Knecht verhält. Er ist schlechterdings zuerst auf dem Plan: Ihm kann seine Erkenntnis nur folgen, ihm kann sie sich nur unterordnen und anpassen. Er macht sie allererst wirklich und möglich.«

So also begegnen wir nach Barth auch der Ewigkeit, die ganz und gar Gottes Ewigkeit ist, und werden von ihr angerührt. Ewigkeit ist also eine Implikation Gottes, der uns im Wort begegnet. Aber was Ewigkeit meint, wird von Barth unterschiedlich beantwortet. In seiner ersten theologischen Phase ist Ewigkeit das zeitlose, das überzeitliche Jetzt, das »nunc aeternum« und auch der entscheidende »Zeit«-Punkt, der Kairos« (griech.). Später geht Karl Barth dann in die Schule bei den frühen Theologen der ersten christlichen Jahrhunderte und schließt sich besonders an Boethius an (vgl. S. 45 ff.). Da scheint »Ewigkeit« kaum noch spürbar zu sein als etwas, das sich in der Wortbegegnung ereignet. Bei der Berufung des Mose (2. Mose 3) war das anders. Als der getroffen wurde von dem Ruf Gottes, bat er den Anrufenden, ihm zu sagen, wer er sei. Und Gott antwortete ihm mit dem Hinweis auf sein ewiges und immer künftiges Sein (Vers 14).

Ewigkeitserfahrung (Gerhard Ebeling)

Von Offenbarung und von Offenbarungen in den biblischen Texten hatten wir eben gesprochen. Und es war uns klar, dass wir Schwierigkeiten haben, solche Durchblicke in eine »andere Welt« für bare Münze zu nehmen. »Supranaturalismus« nannte man so etwas. Mindestens seit Kant denken wir zurückhaltender über unser Wahrnehmungsvermögen, das prinzipiell nicht über die Grenzen unserer empirischen Wahrnehmung hinausgehen kann. Nur Hoffnungen, Wünsche, »Postulate« reichen weiter. Der Weg Karl Barths war es, gerade diese Unerreichbarkeit, Unerfahrbarkeit und Unerkennbarkeit anzuerkennen und klarzumachen, dass es keinen Weg von uns zu Gott gibt. Aber er, der ganz Andere, der Ewige erreicht uns mit seinem Wort in unserer Zeitlichkeit.

Nach Karl Barth ist nun Gerhard Ebeling (geb. 1912) mit großer Eindringlichkeit der Frage nachgegangen, wie denn die Ewigkeit uns in unserer Zeitlichkeit begegnen könne, wenn sie doch das ganz Andere ist.

Zunächst einmal erinnert Ebeling daran, wie unterschiedlich Zeit verstanden wird: Unter uns verbreitet sei die reduzierte, leere Zeitvorstellung von aneinander gefügten Jetztpunkten. Dem steht das biblische Verständnis der gefüllten und von Gott erfüllten Zeit gegenüber. Da ist Gottes Ewigkeit keine Zeitlosigkeit, sondern sie umgreift und durchdringt alle Zeiten. Was so im Großen gilt, das sieht Ebeling auch in der Lebens- und Zeiterfahrung einzelner Menschen. Das Bewusstsein des Menschen von sich selbst sei ja ganz zeitlich strukturiert, und in dieser Struktur suche er auch nach seiner Bestimmung. Ewigkeitserfahrung nun geschieht dort, »wo sich die Zeiterfahrung aufs äußerste verdichtet«, wo dem Menschen im Augenblick eine Gewissheitserfahrung zufällt. Solche »Tiefe der Zeit« ist Erfahrung von Ewigkeit. Ewigkeit offenbart sich als ein »Geheimnis der Zeit«.

Eine Fähigkeit, die wir nach Ebeling auch haben, ist die Erfahrung der Gleichzeitigkeit von Ungleichzeitigem. Das geht über unsere punktuelle oder gemessene Zeitwahrnehmung hinaus, obgleich uns das ganze Leben nie gegenwärtig ist. Dennoch sieht Ebeling in unseren Gleichzeitigkeitserfahrungen so etwas wie Spuren der Ewigkeit Gottes. Je mehr wir uns so des Geheimnisses und der Tiefe der Zeit bewusst werden, desto mehr bekommt jeder Augenblick das Gewicht der Ewigkeit, desto mehr wird uns auch klar, dass wir uns selbst in unserer Zeitlichkeit nicht endgültigen Halt zu geben vermögen. So wird denn das Ewige zu dem, was die Lebenszeit bestimmt und wahrhafte Zukunft gibt. Ob aber all dieses, das Ebeling so sieht und erfährt, wirklich Erfahrung von Ewigkeit ist oder persönliche, menschliche Interpretation oder eine Antwort aus Glauben, das lässt sich kaum allgemein gültig beantworten.

Begegnung (Martin Buber)

Der Abschnitt »Offenbarung« (S. 66 ff.) schloss mit den Worten: »Und Gott antwortete ihm (Moses) mit dem Hinweis auf sein ewiges und immer künftiges Sein (2. Mose 3,14)«. Von 1925–1937 übersetzte Martin Buber (1878–1965) – bis zum Tod von Franz Rosenzweig 1929 zusammen mit ihm – den hebräischen Teil der Bibel ins Deutsche. In dieser Übersetzung lauten die Sätze, auf die wir gerade Bezug genommen hatten, folgendermaßen:

»Mosche sprach zu Gott:
Da komme ich denn zu den Söhnen Jissraels,
ich spreche zu ihnen: Der Gott eurer Väter schickt
mich zu euch,
sie werden zu mir sprechen: Was ists um seinen
Namen? –
Was spreche ich dann zu ihnen?
Gott sprach zu Mosche:
Ich werde dasein, als der ich dasein werde.
Und sprach:
So sollst du zu den Söhnen Jissraels sprechen:
ICH BIN DA schickt mich zu euch.«

Hierzu schreibt Buber: »Gott antwortet auf Moses
Frage nach seinem Namen, vielmehr nach dessen
Sinn, indem er das Verb aus der dritten in die erste
Person transponierend, ›Ich werde dasein‹ sagt, und
hinzufügt: ›als der ich dasein werde‹; daß das Ehjeh
als der erschlossene Name zu verstehen ist, geht aus
dem unmittelbar folgenden Satz hervor ›So sollst du
zu den Söhnen Israels sprechen: ›Ehjeh schickt mich
zu euch.‹ Man pflegt jenes ›ehjeh ascher ehjeh‹ von je
zu übersetzen: ›Ich bin der ich bin‹ und versteht dar-
unter ... eine Aussage Gottes über seine Ewigkeit
oder gar über sein Aus-sich-Selbstsein, was sich schon
dadurch verbietet, daß ein Gebrauch des Verbs im
Sinne seiner Existenz der Bibel sonst fremd ist: es bedeutet ... werden, geschehen, gegenwärtig werden,
gegenwärtig sein, da sein. Um die Bedeutung dieser
zentralen Stelle gegen jeden Mißverstand zu schützen,
hat der letzte Erzähler oder der Redaktor das biblische
Mittel der Wiederholung ... in großartiger Weise
verwendend, im gleichen Abschnitt fast unmittelbar
vor unserer Stelle (V. 12) Gott zu Mose mit demsel-

ben ehjeh sprechen lassen: ›Ich werde dasein bei dir‹ und hat bald danach zweimal (4, 12, 15) das ehjeh im gleichen unzweideutigen Sinn wiederkehren lassen. ... ›Welchen Sinn‹, sagt Rosenzweig, ›hätte wohl für die verzagenden Unglücklichen eine Vorlesung über Gottes notwendige Existenz? Sie brauchen, genau wie der zaghafte Führer selbst, eine Versicherung des Bei-ihnen-Seins Gottes und brauchen sie, zum Unterschied von dem Führer, der es ja aus Gottes eigenem Mund vernimmt, in der die göttliche Herkunft der Versicherung bestätigenden Form einer Durchleuchtung des alten dunklen Namens.‹ Das Volk meint, Mose würde wissen wollen, wie sie in ihren Nöten den Gott mit seinem Namensgeheimnis, wie man in Ägypten glaubte, beschwören könnten; Gott antwortet, sie brauchten ihn ja gar nicht herbeizubeschwören, denn er werde ja bei Mose dasein, werde bei ihnen sein. Aber er fügt hinzu, sie könnten ihn auch gar nicht beschwören, denn er werde den Menschen nicht in der Erscheinungsform gegenwärtig, die sie sich wünschen, sondern je und je in der von ihm selber für diese bestimmte Lebenssituation seiner Menschen gewollten: ›als der ich dasein werde‹ oder ›wie ich (eben) dasein werde.‹«

»Es galt, eine Wiedergabe zu finden, die in dem hörenden Leser ein jener aus dem Namen zuströmenden Gewißheit verwandtes Gefühl erzeugt, also das Bei-ihnen, Bei-uns-Sein Gottes nicht begrifflich aussagt, sondern gegenwärtiglich verleiht. ... Darum steht in unserer Verdeutschung ICH und MEIN, wo Gott redet, DU und DEIN, wo er angeredet wird, ER und SEIN, wo von ihm geredet wird. Wo der Namen in einer Gottesrede steht und die Stelle der offenkundigen Absicht nach auch für sich, ohne Bezug auf den Sprecher als solchen, etwa als objektiv bestehende Vorschrift, wirken sollte, ist die dritte Person beibehalten worden. An einzelnen Stellen der Schrift, ... wo der Name in seiner vollen Erschlossenheit sich manifestiert, weil eben die Gegenwärtigkeit Gottes verkündigt werden soll, mußte ›ER IST DA‹ gewagt werden.«

Sehr deutlich wird hier das dialogische Prinzip, dem Buber zuerst 1923 Ausdruck gab in seiner bedeutsamen Schrift »Ich und Du«. Darin heißt es, »Ich und Du« und »Ich und Es« sind Grundworte. Sie sprechen von mehr als einer Addition oder einer Relation. Sie meinen ein »Zwischen«, eine neue ontische Qualität, sie meinen »Geist«. »Geist in seiner menschlichen Kundgebung ist Antwort des Menschen an sein Du.« – »Geist ist nicht im Ich, sondern zwischen Ich und Du. Er ist nicht wie das Blut, das in dir kreist, sondern wie die Luft, in der du atmest. Der Mensch lebt im Geist, wenn er seinem Du zu antworten vermag. Er vermag es, wenn er in die Beziehung mit seinem ganzen Wesen eintritt.«

Und »die verlängerten Linien der Beziehungen schneiden sich im ewigen Du.« – »Was ist das Ewige: das im Jetzt und Hier gegenwärtige Urphänomen dessen, was wir Offenbarung nennen? Es ist dies, daß der Mensch aus dem Moment der höchsten Begegnung nicht als der Gleiche hervorgeht, als der er in ihn eingetreten ist. Der Moment der Begegnung ist nicht ein ›Erlebnis‹, das sich in der empfänglichen Seele erregt und selig rundet: es geschieht da etwas am Menschen.« »Die Wirklichkeit ist, daß wir empfangen, was wir zuvor nicht hatten, und es so empfangen, daß wir wissen: es ist uns gegeben worden.« »So widerfährt es ... als das große Gegenüber, als das Du an sich.« Schon zwei Jahre vor dem Erscheinen von »Ich und Du« hatte Ferdinand Ebner (1921) sein Werk »Das Wort und die geistigen Realitäten« veröffentlicht. Darin sprach er von der Verkümmerung des Menschen in »Icheinsamkeit« und »Dulosigkeit«. Aber die ganze Bedeutung der Begegnung als Wesensteil der Wirklichkeit hat erst Buber erschlossen. Seine Erkenntnisse haben eine elementare Bedeutung bekommen für den Vollzug unseres Lebens. Und sie veränderten auch die Psychologie, Philosophie und Theologie. Darum mussten wir Buber zu Wort kommen lassen, wo wir von Ewigkeit sprechen.

V »Relative« Ewigkeit

Das ewige Wort der Schöpfung

Ein ewiges Wort ist ein Widerspruch in sich, denn das Wort ist ein zeitlicher Vorgang. Schon lange bevor man Wörter schreiben konnte, wurden sie gesprochen. Sie waren Geschehnisse zwischen Menschen, vielleicht auch zwischen Mensch und Tier. Sie enthielten Mitteilungen und waren Ausdruck von Beziehungen. Und sie hatten einen zeitlichen Ablauf. Als Gegenwart können wir nur eine kurze Sequenz erleben. Was davor liegt, ist Vergangenheit. Wirkungen allerdings bleiben, auch wenn das Wort vergangen ist.

Was soll angesichts dessen die Vorstellung eines »ewigen Wortes« bedeuten? In unserer heutigen Art zu denken und zu reden, können wir es vielleicht so ausdrücken: Gerade die Aktualität und Personalität des Wortes wird zum Ausdrucksmittel gewählt für eine strukturelle Beziehung zwischen dem Ewigen und uns in unserer Vergänglichkeit. Obgleich wir wissen, dass es eigentlich ein »ewiges« Wort nicht geben kann, wählen wir doch diese paradoxe Abstraktion unter der Voraussetzung: Wenn ich »Gott« denke und glaube, dann kann die Beziehung zwischen ihm und mir nur von der Art eines »ewigen Wortes« sein.

Wenn die alten Griechen vom Logos und vom Nous sprachen, dann gilt das eben Gesagte allerdings vielleicht so nicht, aber im Alten Testament auf jeden Fall und auch in Lukas 21,33, wo das Wort Jesu steht: »Himmel und Erde werden vergehen; aber meine Worte vergehen nicht.«

Im Alten Testament, in der Geschichte Israels ist alles auf dieses ewige Wort gebaut. Denn »alles Fleisch ist Gras, und alle seine Güte wie eine Blume auf dem

Felde. Das Gras verdorrt, die Blume verwelkt,« (Jesaja 40,6) »aber das Wort unseres Gottes bleibt ewiglich.« (V.8) Es ist das Wort, mit dem Gott schon die Welt ins Leben rief (1. Mose 1): Es werde! Es bleibe!

Im Jahre 1938 hörte Jochen Klepper (1903–1942) dieses Wort so:

> Er spricht wie an dem Tage,
> da er die Welt erschuf.
> Da schweigen Angst und Klage;
> nichts gilt mehr als sein Ruf.
> Das Wort der ewgen Treue,
> die Gott uns Menschen schwört,
> erfahre ich aufs neue
> so, wie ein Jünger hört.
> (EG 452,2)

Unter dem Einfluss des biblischen, dynamischen Verständnisses des ewigen Wortes wird in der jungen christlichen Gemeinde nun auch die alte Geist-Logos-Philosophie zu einer dialogischen Logos-Wort-Theologie: Das ewige Gott-Schöpfer-Wort wird Fleisch und »wohnte unter uns« (Johannes 1). Diese Wandlung geht so weit, dass im Hebräerbrief sogar die Vokabel »Logos« durch das Wort »Rema« (das Gesagte) ersetzt wird. (Hebräer 1,3) So nimmt also das Ewige wandelbare Menschengestalt an. Nur reicht eigentlich diese Formulierung gar nicht aus. Denn wenn es heißt, das Wort wurde Fleisch, so hat ja das Ewige bereits »vor« der Inkarnation schon die menschliche Gestalt des Wortes (vgl. S. 23 ff.). Oder heißt es nicht umgekehrt, dass unser Reden von Gott immer schon ein gottgegebenes ist? Und heißt es nicht überhaupt, dass alles, was Gott geschaffen hat – durch sein ewiges

Wort geschaffen hat – auch Anteil behält an der Ewigkeit? So wird man es wohl sagen und denken dürfen – aber auch nur so: Es behält Anteil an der Ewigkeit und hat nicht in sich Ewigkeit.

Martin Luther hat sich vielfach und ausführlich hierüber ausgesprochen. Wir geben hier einige seiner Gedanken wieder (nach Joachim Ringleben in: O. Reinke, Ewigkeit?, 144–146): Gottes Worthandeln hat nach Luther einen zeitlichen Verlauf wie die Rede. »Gottes Kreativität durchs Wort ist schöpferisches Sich-Artikulieren, und Gottes Schaffen ist die zeitliche Artikulation seines ewigen Schöpferwortes. Daher kann es sich wie das Geschaffene selbst allein in Gottes Ewigkeit vollenden.« Diese Vollendung geschieht im ewigen Sabbat: »Jener Tag (der Schöpfung) wirt erst rechtschaffen und vollkommen am jüngsten Tage.« So weit Luther. Es hat also die Schöpfung Anteil an des Schöpfers Ewigkeit. Und welcher Art ist diese »anteilige Ewigkeit« der vollendeten Schöpfung? Jürgen Moltmann schreibt dazu (Der Weg Jesu Christi, 354): »Es handelt sich nicht um die absolute Ewigkeit Gottes, sondern um die relative Ewigkeit der neuen Schöpfung. Nicht um eine wesentliche Ewigkeit, sondern um eine mitgeteilte Ewigkeit, die in der Teilnahme an der wesentlichen Ewigkeit Gottes besteht, geht es.« Diese relative Ewigkeit ist das, was der altkirchliche, griechische Begriff »Äon« (lateinisch: aevum) meint.

Geschaffene Ewigkeit?

Bedeutet das eben Gesagte, dass wir von einer geschaffenen Ewigkeit reden können oder gar müssen? Ist die »neue Schöpfung« zugleich Schöpfung und Ewigkeit? Wie kann denn überhaupt Ewigkeit vom Ewigen geschaffen werden? Ist das »Ewigkeit von Ewigkeit« – als eine »Teilung« von Ewigkeit? Oder wenn es denn »geschaffene« Ewigkeit ist, hat sie einen »Anfang«? Wie kann denn Ewigkeit einen Anfang haben? Und wie kann man von Anfang reden, wenn doch die Zeit »noch nicht« geschaffen ist? Oder ist die »ewige, neue Schöpfung« gar nicht »ewig« sondern in der Zeit geschaffen und nur von einer anderen zeitlichen Qualität? Man könnte diese Fragen sicher noch länger fortsetzen; und es würde bald deutlich, dass hier viel mehr fraglich als klar und deutlich ist.

Jürgen Moltmann hat den Umgang mit diesen Fragen ein wenig geordnet und erleichtert durch die schon erwähnte Verwendung des Begriffes der »relativen Ewigkeit«. »Relativ« soll dabei sagen, dass diese Ewigkeit nicht in sich besteht, sondern dass der Ewige an seiner Ewigkeit Anteil gibt. Und das bedeutet auch, dass diese Ewigkeit nicht in sich und ohne Gott besteht. Sie besteht vielmehr nur in Gott. Moltmann nennt diese relative Ewigkeit auch die »äonische Ewigkeit«. Dahinter steht die Begrifflichkeit aus der Zeit des Neuen Testamentes: Wo in der deutschen Übersetzung des Neuen Testamentes »von Ewigkeit zu Ewigkeit« steht, da ist es eine Übersetzung für »von Äon zu Äon«. Äonen sind in der alten griechischen Vorstellung sehr, sehr große Zeitabschnitte,

»Zeitalter«. Das Neue Testament aber verwendet »Äon« meistens einfach für »Welt«, also unser Zeitalter. So heißt es eben »dieser Äon«. Und dem steht der »kommende Äon« gegenüber. Der Übergang von diesem Äon zum kommenden Äon wird gern mit der Ernte verglichen (z.B. Matthäus 13,39). Da sammeln die Engel die Ernte ein, bringen das Verstreute zusammen. Und dann wird eine Verwandlung geschehen. Die Vergänglichkeit ist zu Ende.

Paul Althaus (1888–1966) sagte, es begänne im kommenden Äon eine »andere Zeitlichkeit«, worunter man sich allerdings schwer etwas vorstellen kann. Andere nennen diese andere Zeitlichkeit »Dauer«. Davon sprachen wir schon früher (S. 45 ff.). Dionysius Areopagita (Pseudonym eines unbekannten Theologen zu Anfang des 6. Jhdt.) stellt sich die relative Ewigkeit des kommenden Äons als eine sehr große Kreisbewegung der Zeit vor, in der auch die Engel in spiralförmigen Bewegungen den Gottesthron lobpreisend umkreisen.

So ist das Lallen und Stammeln von einer erfüllten Zeit in der ewigen Schöpfung des neuen Äons vielfältig und voller unvorstellbarer Widersprüchlichkeit. Und das gilt genau so für die Räumlichkeit, die in »Allgegenwart« übergeht. Aber wie sollten wir anders über solche geschaffene Ewigkeit reden können, wo doch alles Raum und Zeitbegreifen in unseren irdischen Lebensbedingungen und für sie »geboren« wird?

Leben nach dem Tod und ewiges Leben

All diese Probleme bekommen für uns eine besondere Aktualität, wenn wir fragen, was mit uns nach dem Tode geschieht. Verständlicherweise lautet die Frage zunächst: »Geschieht für uns nach dem Tode überhaupt noch etwas?« Jörg Zink (geb. 1922) ist dem in dieser Buchreihe unter dem Thema »Auferstehung« in einer sehr persönlichen Weise eindrucksvoll nachgegangen. Neben den biblischen, besonders den neutestamentlichen Aussagen spielen dabei für ihn auch die in den letzten Jahrzehnten oft protokollierten Nahtoderlebnisse eine große Rolle. Andere Menschen wieder wissen von Mitteilungen Verstorbener zu berichten und sind davon tief beeindruckt (vgl. auch 1. Samuel 28,3ff).

Aber das alles ist jetzt nicht unser Thema. Wir fragen viel mehr danach, was und wie denn dieses Leben nach dem Tod sein kann. In diesem Sinne nun stellen wir eine Frage nach der anderen. Zuerst: Ist das Leben nach dem Tod ein diesseitiges oder ein jenseitiges? Wenn wir den Tod als die Grenze zwischen Diesseits und Jenseits ansehen, dann gehört es natürlich dem Jenseits an. Wenn wir aber die Grenze zwischen Diesseits und Jenseits darin sehen, ob etwas Teil des Schöpfers oder der Schöpfung ist, dann ist dieses Leben nach dem Tod natürlich diesseitig. Und wenn wir beantworten sollen, ob dieses Leben nach dem Tod in unsere gegenwärtige Welt, in diesen »Äon« hineingehört oder in den künftigen, so lautet die Antwort sicher, dass es noch diesseitig ist, dass es unserem zeitlichen Ablauf verbunden ist und selber noch einen Prozess durchläuft, egal ob wir in einer Art von Todesschlaf sind oder an einem Ort der Reinigung Fegfeuer). Von einem solchen Prozess schreibt der Apostel Paulus mehrfach (1. Korinther 15,23 f. u. 2. Korinther 5,2–4). Und auch das jüngste Gericht selbst als der Anbruch des neuen Äon ist ein Prozess (1. Korinther 3,12–15). Sehr vage aber werden die Aussagen darüber, ob denn der neue Äon oder »das Leben der kommenden Welt«, wie es am Ende des nizänischen Glaubensbekenntnisses heißt, auch wieder nur ein zeitliches und zeitlich begrenztes ist oder ewig. Und was heißt es, wenn Paulus sagt, schließlich werde Gott sein alles in allem (1. Korinther 15,28)? Ist das nach dem Leben der kommenden Welt?

Zunächst einmal ist klar, dass der Ausgangspunkt und das Fundament der neutestamentlichen Botschaft lautet: Das Reich Gottes, die Gottesherrschaft, der neue Äon ist nahe herbeigekommen und in Jesu Wirken und in seiner Auferstehung schon hier erfahrbar. Die Jesusworte der Evangelien sprechen über den Zustand der Menschen dort unterschiedlich. Einerseits heißt es, sie seien wie Engel, d. h. Geschlechtsspezifisches scheint es dort nicht zu geben (Matthäus 22,30 – dabei darf man bestimmt nicht an 1. Mose 6,1–4 denken!), auch keine Geburten und keinen Tod. Andererseits aber gilt es doch dort noch, unterschiedliche Aufgaben zu erfüllen wie in unserem Äon (Matthäus 25,21 u. 23, Lukas 19,17 u. 19). Und Offenbarung 21 sagt, was nicht mehr sein wird: Schmerz, Leid, Tränen, Tod, aber auch Sonne und Mond nicht (V. 23), denn die Herrlichkeit Gottes leuchtet durch das leuchtende Lamm und die »Hütte« Gottes ist bei den Menschen. Und dann wechselt die Beschreibung über in das Symbolische: Zwölf Tore führen in das »himmlische Jerusalem«, dessen Mauerwerk aus Gold und

Edelsteinen besteht. Die Länge und die Breite und die Höhe der Stadt sind gleich (V. 16): 12000 Stadien (2304 km!). Ist damit ein Würfel oder eine Pyramide gemeint? Offenbar wird hier bewusst alles Vorstellbare übersteigert. Und die Verdammten (Offenbarung 21,8), die den zweiten Tod erlitten haben, scheinen vergessen zu sein. Paulus allerdings schreibt, wie wir gerade schon bedacht hatten, Gott wird sein alles in allem (bzw. »in allen« – auch der griechische Text lässt beide Formen zu).

Können wir über das Leben nach dem Tod als ewiges Leben mehr sagen als das Neue Testament? Nein, eher weniger. Vielleicht gibt es keinen stärkeren Ausdruck des Glaubens als diese Psalmworte (Psalm 73,25 f.): »Wenn ich nur dich habe, so frage ich nichts nach Himmel und Erde.«

VI Ewiger Gott

Die Trinitätslehre und die Grenzen theologischen Fragens und Antwortens

So liegt denn alles an Gott und in Gott. Und wenn der Beter des Psalms sagt: »Wenn ich nur dich habe, so frage ich nichts nach Himmel und Erde«, so bekennt er, dass er an die Grenzen allen seines Fragens gekommen ist. Der Friede in Gott ist höher als alle Vernunft (Philipper 4,7). Das bedeutet jedoch nicht, dass Mund und Gedanken schweigen müssen. Wäre es so, dann hätte Paulus den Brief an die Philipper mit dem Lied von der Erniedrigung Gottes (Kap. 2,5 ff.) und alle seine Briefe nicht schreiben können. Es bedeutet nur, dass wir um die Begrenztheit allen unseres Denkens wissen.

So ist denn auch das Reden von Gott von Anfang an in der christlichen Kirche mit der Trinitätslehre in allen seinen Paradoxien darum bemüht, das große Geheimnis zu wahren. Es wehrt sich gegen alle eingängigen, »vernünftigen« Auflösungen verschiedener Spielart. Und eines dieser großen Geheimnisse ist die unwandelbare Ewigkeit Gottes, die doch die vergängliche Welt erschafft, leitet und begleitet. Er, der Schöpfer ist schon immer in Ewigkeit der Schöpfer des Vergänglichen, Nicht-Ewigen. Alle Zeitlichkeit besteht in ihm in Ewigkeit. Alle Dynamik liegt schon in Gottes innerem, ewigem Leben. Von Ewigkeit her gibt er der Schöpfung Raum und Zeit. Jürgen Moltmann schreibt (Das Kommen Gottes, 328): »Er läßt eine von ihm verschiedene Welt vor sich, mit sich und in sich existieren.« (329): »Der Schöpfer wird zum bewohnbaren Gott. Gott als Wohnraum der Welt ist eine weibliche Metapher, wie schon Plato bemerkte.

Den Zusammenhang zwischen den trinitarischen Einwohnungen der göttlichen Personen und ihrer gemeinsamen Öffnung zum Wohnraum der Geschöpfe finden wir im hohepriesterlichen Gebet Jesu, Johannes 17,21, aufs Genauste dargestellt: ›Auf daß sie alle eins seien, gleichwie du, Vater, in mir und ich in dir, daß auch sie in uns eins seien.‹«

Lukas gibt in der Apostelgeschichte 17 die Rede des Paulus auf dem Areopag in Athen wieder. Und darin heißt es von Gott (V. 28): »In ihm leben, weben (= bewegen wir uns) und sind wir.« So also ist es hier formuliert, dass Gott seiner Welt, uns, in sich Raum gibt. Das soll nicht etwa heißen, dass wir ein Teil Gottes wären, sondern dass Gott uns mit seiner Schöpfung in sich eine selbstständige raum-zeitliche Existenz ein»räumt«. Gott und die Natur sind also nicht ein und dasselbe, wie Spinoza (1632–1677) sagte, sondern Gott ist größer als alle Welt. Der Schöpfer hat jedoch in Ewigkeit der Schöpfung in sich Raum gegeben.

Diese alten theologischen Gedanken haben in der Zeit der großen idealistischen Philosophie-Systeme noch einmal eine neue Form gefunden. Karl C. F. Krause (1781–1832) prägte den Begriff des Panentheismus (= Alles ist in Gott). Mit diesem Konzept wandte er sich ausdrücklich gegen den Pantheismus (Alles ist Gott). Und mit diesem Entwurf wollte er den subjektiven Idealismus von Kant und Fichte (1762–1814) verbinden mit den Systemen Schellings (1775–1854) und Hegels. Auch fand er damit eine Annäherung an Goethe (1749–1832). Aber wer weiß heute noch etwas von K.C.F. Krause und dem Krausismus? Gedanken kommen, Gedanken gehen. Und gelangen sie an ihre Grenzen, so gehen sie gelegentlich über in

Gesang und Musik, besonders angesichts des ewigen Gottes. Das reicht von dem prinzipiell »neuen Lied« in Psalm 33,3 bis hin zur Öffnung des Buches mit sieben Siegeln (Offenbarung 5,9/14,3/15,3).

Als Landesbischof Hanns Lilje (1899–1977) 1948 zum Todestag von J.S. Bach (1685–1750) einen Vortrag hielt, gab er dem die Überschrift »Präludium der Ewigkeit«. Worin liegt diese besondere Nähe der Musik zur Ewigkeit begründet? Hartwig Eichberg (geb. 1945) schreibt: »Daß die klingende Musik quasi aus der Luft kommt, läßt sie immateriell erscheinen. Sie ist deshalb gern mit dem Himmel (Sphärenharmonie) in Verbindung gebracht worden. Auch hat sie eine Aura von Ungreifbarkeit an sich. Nur Eingeweihte können mit ihr umgehen, ›normalen‹ Menschen ist der Zugang zum sachgemäßen Umgang unmöglich.« Auch hat sie gemeinschaftsbildende Kraft und überwindet sprachliche Grenzen, wird allumfassend.

Da sehen wir eine weit gespannte Brücke von den Pythagoräern her über das Alte und Neue Testament, über Ambrosius (339–397) und J. S. Bach, über unsere Zeit hin in die Ewigkeit.

»Ja, wenn der Mund wird kraftlos sein, so stimm ich doch mit Seufzen ein« (J. Mentzer 1658–1734. EG 330,6).

Das Lied »Jerusalem, du hochgebaute Stadt« (J. M. Meyfart, 1590–1642, EG 150) hat in seinen beiden letzten Strophen nur noch die Musik zum Inhalt: »mit Jubelklang, mit Instrumenten schön, in Chören ohne Zahl, daß von dem Schall und von dem süßen Ton sich regt der Freudensaal, mit hunderttausend Zungen, mit Stimmen noch viel mehr, wie von Anfang gesungen das große Himmelsheer.«

Bibelstellenverzeichnis

Personenregister

Literaturhinweise

Augustinus, Bekenntnisse, z.b. in der Übersetzung von Hubert Schiel, Freiburg 1950

Übersetzung der hebräischen Bibel in fünf Bänden von Martin Buber und Franz Rosenzweig, 1954–1962, bei Jakob Hegner, Köln & Olten. Dazu von Martin Buber, Zu einer neuen Verdeutschung der Schrift, 1954

Martin Buber, Einsichten (aus seinen Schriften), Insel Bücherei Nr. 573, 1953

Colin McGinn, Die Grenzen vernünftigen Fragens, 1996

ders., Wie kommt der Geist in die Materie?, 2001

Thomas Görnitz, Quanten sind anders: Die verborgene Einheit der Welt, 1999

ders., Der kreative Kosmos: Geist und Materie, aus Information, 2002

Karl Heim, Der christliche Glaube und die Naturwissenschaften. 1. Teilband, 1949

Antje Jackelén, Zeit und Ewigkeit, 2002

Karl Hinrich Manzke, Ewigkeit und Zeitlichkeit, 1992

Jürgen Moltmann, Gott in der Schöpfung, 1985

ders., Der Weg Jesu Christi, 1989

ders., Das Kommen Gottes, 1995

Wolfhart Pannenberg, Systematische Theologie Bd. 2, 1991

Roger Penrose, Das Große, das Kleine und der menschliche Geist, 2002

Ernst Pöppel, Grenzen des Bewußtseins, 1997

Gerhard Roth, Das Gehirn und seine Wirklichkeit, 1995

Otfried Reinke (Hg.), Ewigkeit? Klärungsversuche aus Natur- und Geisteswissenschaften, 2004. Darin Beiträge von Signe Cohen, Edgar Forschbach, Katrin Gelder, Colin McGinn, Thomas Görnitz, Angelus Albert Häußling, Albert Höfer, Rolf Krämer, Georg W. Kreutzberg, Wolfhart Pannenberg, Joachim Ringleben, Hans Christian Schmidbaur, Dorothee Sölle und Katharina Wiefel-Jenner.

Paul Tillich, Systematische Theologie Bd. 1, 1955